ニッポンを覚醒させる

男塾

桜大志 著

ザメディアジョン

男塾　ニッポンを覚醒させる

はじめに

記念すべき第1冊目、桜大志の「男塾」の書籍を、愛する日本国民に贈る。

今からちょうど4年前の2012年2月1日に、ブログ「男塾」はスタートした。激務の中、アフター5の時間を活用し、ライフワークを目指して始めたが、月を重ねるたびに読者は増加し、1万人の方が見てくれるまでになった。思いもよらない反響であった。

その理由は、内憂外患の日本の現状を見るにつけ、愛国心のある方々がこのように率直で、歯に衣着せぬ論説を欲していたためだろうと思う。

開塾して3年が経過した2015年5月に「株式会社 日本二」を設立し、主たる事業を「男塾」のメルマガ配信、講演、セミナーの開催などに定めた。情熱にかられ、これがとうとう本業になってしまったが、これこそまさに天職であったのだと思っている。

目指すところは、「日本を変える」「日本の真実の歴史を伝える」「日本人の誇りを取り戻す」「日本を世界中から尊敬される世界一の国にする」、そして、「日本の影響で世界中を幸せにする」ということだ。加えて、それらを地上に生きている間に実現させたい。

そのためには、日本の「常識」と化してしまっている「非常識」に挑み、戦後の洗脳から国民を解き放つことがどうしても必要だ。そう、「男塾」のテーマは、迷妄の大海に泳いでいる人々に真実を告げ、日本人が世界に誇れる歴史の真実に目覚め、自信を取り戻すことができるようにすることにある。

世に立ち、言論で勝負をするために、桜大志の「男塾」の本を出版しようと思い立ち、メルマガに加筆訂正し、新たに編集をしてみると、いささか面白い本が出来上がったと自負する。

男塾のメインテーマは政治・経済・軍事・国際外交・歴史・自然災害であるが、私のキャリアから、経営・ビジネス、そして健康にも関心が深く、実に多様なテーマを1冊に盛り込むことができた。

医療や健康上の問題の中にも闇が潜み、専門知識の壁に阻まれ、正しいとは言えない治療をしている同時代に生きる同胞達に、私自身の健康生活の実体験の裏付けからも自信をもってメッセージを送ることができたと思う。

次に自然災害の分野も避けて通ることができない大きなテーマとして、長年研究を重ねたことを率直に述べた。昨今、日本列島全体を襲う自然災害は緊急性があるからだ。なぜ、かくも自然災害が多発するのか、その原因を考究するとともに、一過性のものではないとの警鐘を日本人に対して鳴らすことを目的に綴った。私はラッパでありたいと思っている。そして、忍び寄る戦争の危機を繰り返し述べた。平和ボケしている日本人に向け、国土防衛の観点に立ち、迫りくる軍事的脅威を、政治、外交、軍事の諸側面から明らかにした。東京裁判以来の自虐的歴史観が日本人を支配し、ＧＨＱが策定した憲法が桎梏となっていることにこそ一番の日本の病巣があることを切々と語った。憲法改正は当然のことであり、日本人の手による自主憲法の策定が戦争の危機を乗り越えるために必要不可欠であることを語った。

「男塾」という名称が女性を拒むものであるかのように受け取れるやも知れぬが、「男」だけを対象に活動する気は毛頭ない。全ての日本人を対象に運営をしており、多くの女性読者を現に擁している。同時代に生まれ合わせた日本人同士、老若男女を問わず力を結集していかねばなるまい。

男塾の「男」とは、正義と礼節と勇気を持つ古来よりの「武士道」を「男」という言葉に置き換えたものである。そのような言葉として解釈して欲しい。

まずは一読され、桜大志の「男塾」のメッセージに込められた今という時代の意味、日本にとって、世界にとって、いったい今がどういう時代なのかを感じ取って下されば幸いである。

1章

雄々しく生きていく講座

コレステロール神話を斬る

「悪玉説」を疑う

先日、定期健康診断に行って来た。結果は「胃」「腸」「肝臓」「心臓」「肺」「血圧」「尿」全て正常であったが、毎回引っかかるところがある。総コレステロールの数値が高く「経過の観察を必要とします」という診断結果が出る。

血圧でもコレステロールでも基準数値を設定し、その数値を基準として正常か異常を判定するのだが、その基準数値というのが実は「クセモノ」なのだ。私の総コレステロール値は229mg／dlだったが、健診で示されている基準値（200mg／dl未満）なので高いという診断である。今の医学ではコレステロール悪玉論が常識だ。数値が高かったら動脈硬化を引き起こし、ひいては脳梗塞や心筋梗塞に繋がると信じられていたからである。その結果、何が根拠か知らないが、上限数値を200mg／dl未満と設定し、その数値が絶対権力者として日本人全員に向かっている。

さて、これは正しいことか？

何故、コレステロール悪玉論が生まれたのか。順天堂大学医学部教授・奥村康氏によると、１９１３年にロシアで行われた実験で、ウサギに脂肪性の多い動物性の餌を与えたら、血管壁にコレステロールが付着することが確かめられたことによる。しかし、ウサギという草食動物に対して、普段自然界では摂取することのない動物性の餌を与えることにより、健康疾患を起こしたことを根拠にコレステロール悪玉論を唱えることが異常であるし、草食動物であるウサギの生体を人間に当てはめ、確定する手法そのものに問題もある。もし実験をするなら、猿かチンパンジーでしたほうが人間の生体には近いことだろう。しかし、ロシアでの実験結果はコレステロール悪玉論という「神話」を形成し、臨床医学がそれを支持したことにより、現在、コレステロール値が「高い」ことは無前提に「悪い」ことであるという都市伝説ならぬ医学伝説が出来上ってしまった。その結果、無駄な治療をして製薬業界が喜ぶ「薬」が売れ続けているのであるという。

カレーライスを作るのに、ジャガイモ、タマネギ、ニンジン、水、カレールー、米が食材として必要なように、人間の身体を形成している60兆ある細胞をつくるにも材料がいる。それがコレステロールでもある。勘違いしていたら認識を改めてもらいたい。コレステロールは身体を維持するのに必要なものなのだ。よって、コレステロール過多よりコレステロールが少ない方が危険だと言える。よって、細胞再生に必要不可欠なコレステロールは決して悪なるものではないし、現在の基準数値というものは絶対的なものではない。

さらには、健診で示されたコレステロール値を下げても、まったく意味がないという新たな潮流も医学界で生まれつつある。

米国でも、ロシアの実験を根拠に長くコレステロール神話に基づいた「血中コレステロール値が高いと動脈硬化が進む」という仮説を支持してきたが、昨今では「いくらコレステロール値を下げても心筋梗塞などの心血管疾患が治療・改善される根拠はない」として、コレステロール数値の管理目標を撤廃させた。このように、これまでの方針は完全に覆されているのだ。いや、それどころではない。米国医学会と同じ立場をとる日本脂質栄養学会での長寿のためのコレステロールガイドラインでは「コレステロール値が高い群ほどガンや脳卒中、全死因による死亡率が低いことにより高コレステロール値は長寿の指標であり、コレステロール低下医療は不適切」という今までの常識を覆すどころか、あべこべの主張をするに至っている。

だが、その日本でも、日本動脈硬化学会などは保守派の立場をとっており、学会によりコレステロール値に対する見解は統一できていないのが現状である。しかし、健診では高コレステロール値は悪という「神話」を堅持し続けていて、当たり障りのない従来通りの２００mg／dl未満を未だに基準数値とし、数値を見直さないでいる。

では、日本人における基準値はいくらかというと、人間ドック学会では今までの健診１５０万人のデータに基づく新基準で、男性は総コレステロールでは２５４mg／dlまでは健康とされ、米国学会の新基準とも類似した数値となっている。よって正当な基準値は、健診で示している基準値より50mg／dl高い範囲であると認識しておけばよいようだ。

ゆえに、私の２２９mg／dlの数値は基準値内であるどころか、高コレステロールは〝長寿の指標〟でもあるのだ。何ら心配することなどない。逆に長寿に繋がる褒めてもらわなければいけない素晴らしい数値であるのだ。にもかかわらず、こういった新基準への改定が進んでいることも知らず、コレステロール伝説を真に受けている一般の人達は、コレステロール値を下げる努力を迫られ食事制限などを行うようになるのだから、たまったものではない。する必要もない治療にせっせと励むこととなる。その薬代は本人も負担するが、年間30兆円もの莫大な金額を拠出する健康保険料で８割賄っているのである。愚かとしか言いようがない。お父さんたちは、唯一の楽しみである明太子やイクラで一杯やる楽しみを捨て、コレステロール値を下げる薬をせっせと飲んでいる。やっていることは逆なのだから可愛そうだ。

だから、真実を知ったものとしては、義憤の念にかられ男塾で真実を叫びたくなるのだ。しかし、専門知識を要する医学の分野では、医学知識のない一般の人は無前提に医者のいうことや検診が示す数値に忠実になり、忠誠を誓い従うことが普通であり、病人と検診されれば最後、絶対抗うことができないことだろう。それがまじめな日本人の性である。

知力は汝を自由にし、無知は絶望の淵に叩き込まれるのである。知っているということは「力」なのだ。

さらにコレステロール神話を斬って捨てトドメを刺す

血中コレステロールの8割は体内で合成され、食品から摂取されるのは2割でしかない。コレステロールは肝臓をはじめ、さまざまな臓器で生成されている。よって、鶏卵、いくら、明太子、数の子などコレステロールを多く含む食品の摂取を控えてもあまり意味がない。体内での合成量を調整されるだけにしか過ぎない。むしろ、コレステロール摂取を制限されることによる栄養不足の問題のほうが大きい。だから、コレステロール値を下げるための食事療法は空しいことである。駅からの飛び降り自殺者に関する調査報告によると、ほぼ全員コレステロール値を下げる薬を飲んでいたという。コレステロール値が低下したら、その薬の副作用でウツになることと関係しているとも言われている。３００mg／dlを超えない限り妙な薬を口にしてはいけない。

さらに、コレステロール値が低いほどガンになる確率は上昇し、脳卒中や他の病気で死ぬ確率が高くなると言われているのを知っているだろうか。それを裏付ける、コレステロールとガンとの相関関係で興味深いデータがある。奥村康教授（順天堂大学名誉教授）によると、ガンによる死亡率を調査したら、１６０mg／dl未満で最も多く、２４０mg／dl以上で最も少なかったというではないか。どうやら高コレステロールのほうが免疫力が高まり健康体であることは疑いようがない。加えて、コレステロールの管理目標などすでに撤廃させている国もあることを知るべきである。今では３００mg／dl未満なら問題がないとする学説もあるくらいなので、数値管理など愚の骨頂でしかない。やめた方がよい。

新学説は年々生まれるのだが、臨床結果を携えて発表しても状況は一気に変わらない事情を医学界は抱えている。それは２５０mg／dlを新基準値に修正してしまったなら、病人が３３００万人も減少してしまうからだ。血圧数値も同じことが言える。高齢になり高血圧になることは自然の摂理であり問題ないのだが、１４０ｍｍＨＧ以上を高血圧として分類する基準を決して変えようとしない。それは血圧を抑制する「降圧剤」なる「薬」の売上を一気に減らすことになるからである。医学界と製薬会社との癒着という背景があり、事はそう簡単にいかないという事情があることも常識として知っておくべきである。

慶応大学医学部放射線科の近藤誠氏によると、「1998年までの基準値は、上の数値が160、下の数値は95だったのだが、2000年にはっきりした理由もなく140／90に基準値が変更された。それによって高血圧の日本人は1600万人だったのが3700万人に一気に増加し、多くの病人を増やすことに成功した。それまで2000億円だった薬の売上は1兆円を超過し、降圧剤という薬の売上は実に6倍にもなった。

健診を企業に義務付けているのは、早期発見早期治療が病気に対する対処療法として有効だからであるが、実は健診によって「健康」な人が「病人」に変えられ、医療費を上げる原動力となっている面もあるのだ。身体に異常があれば異変が現れるもの。異変がなければ健康なのだ。健診絶対神話も崩壊させたほうがいい。健診に行ったばかりに、健康な人が病人に認定されたことは数知れないのだ。

薬、止めませんか

薬が治したためしはない

私は、薬なるものはほぼ口にしない生活をおくっている。無論、健康だからでもあるが、サイボーグではないので、まれに体が不調な時もある。しかし、頭痛がしようが、腹痛になろうが、胃が悪かろうが、咳をしようが、喉が痛かろうが、二日酔いだろうが、熱が出ようが、薬を飲まず自然治癒能力に病気回復を委ねる方針を崩すことはない。

正しい医学知識を持ち合わせていない両親に育てられ、風邪をひいて病院に行ったら薬を沢山もらい、当たり前のようにそれを飲む習慣をつけている人にとっては、薬を飲むなどということは考えられないのだろう。

病院に行かずとも、毎日製薬会社のＣＭが大量に流れ、綺麗なお姉さんが薬の効用を笑顔で説き、街に出れば数多くの薬局がコンビニの如く存在し、簡単に「薬」を手にすることができる環境が整っている。そんな環境の中で暮らしながら「薬」から遠ざかることは至難の業であるかもしれない。しかし、あえて言う。「薬」は飲まない方が良い。

仕事で薬と毎日向き合う薬剤師の中には、薬の怖さを熟知しているので自分は薬を飲まないでいることを知っているのだろうか。そもそも薬が病気を治すと思いこんでしまっている日本人が多いが、そのようなことは金輪際あり得ない。薬は病気に伴う、苦しい、痛い、症状を一時的に緩和したり軽減したりする力はあるが、病気を完治させる力はない。単なる風邪でさえ、「薬」が治したことは一度たりとてない。それが本当だ。風邪を治しているのは他でもない自分自身の身体なのである。

ウィルスに感染し発病したら、生まれつき身体に備わっているレスキュー隊が活動を開始し、完治に向かわせる仕事を始める。よって、自己治癒能力を高めるため、免疫力をマックスにする生活習慣を常日頃から心がけていることが大切であるのだ。薬は決して真のレスキュー隊ではない。しかし、あろうことか、生活習慣病でさえ薬を処方し治すという治療を行っているのが昨今の医療現場である。日本における薬漬けの医療の真骨頂だが、無知蒙昧である。

昔は「生活習慣病」という熟語では呼ばずに「成人病」という呼称がついていた。病気の本質を言い表すために改名したというが、実に正しいことであった。メタボや高血圧や糖尿病などは生活習慣病であり、読んで字の如く生活習慣を改善しない限り根本的に解決しない種類の病気である。しかし、病院に行けば立派な病名がつけられ、その瞬間にどこから見ても立派な病人の1人に仕立て上げられ、健康保険が適応される。おめでとうございます。

仮に高血圧と診断された人は、その瞬間から血圧を下げる「薬」が処方され、毎日「薬」を飲んで血圧を下げる治療に専念するようになる。当然副作用はあるが、医者に飲むのを止めたいと訴えたら「命の保証はない」と脅され継続することになり、体調はいつもすぐれない。

薬というものは弾道ミサイルのようにピンポイントで攻撃することはできない。なぜなら薬の成分は、血流に乗って体のあらゆる箇所に届くようになっているからだ。つまり薬を必要としないところにも薬の成分は届く。だから、副作用のない薬というものは存在しない。私たちの身体が自然からつくられているのに対し、「薬」は不自然に作られた「合成品」である。しかも、薬の中には石油で合成されたものが数多くある。プラスチックと同じ素材で生成されているものさえあるのだ。

その結果、最近の死体は昔と比較して腐りにくくなったというではないか。現代人は薬や食料品から合成品を大量に摂取することにより、身体に蓄積していて、防腐剤の役割を果たしているからだという。

薬は免疫力の敵

さて、「薬」を飲んだら身体はどうなるか？　体は冷たくなるのだ。ほとんどの薬は体温を確実に下げる働きをする。薬を飲んではいけない理由がここにある。免疫機能を持った白血球は血流にのって体内を駆け巡り、細菌や異物を発見するとそれを撃退するわけだが、体温が下がれば血流が悪くなり、おのずと白血球の働きも悪くなる。つまり、一番肝心な免疫力が低下し、病気にかかりやすくなるのである。体温を1度下げたら、免疫力は30％低下することが分かっている。病気の時にこそ体温を高めて自然治癒能力を発揮させたいのだが、多くの日本人は反対のことをしている。

発熱の苦しみを和らげるために解熱剤を飲むのは自殺行為である。発熱という症状は、体温を上げることにより血流を増やし免疫力を上げようとする身体の自己防御反応である。よって、平熱では対処できないので、熱を上げて、免疫の働きを高めようとしているのだ。よって、発熱したらほっとけばよい。完治のために、自己保存のために身体が治そうとしている瞬間である。正規軍の白血球が完全武装して戦闘準備に入った印であるのだ。そこへ、肝心の熱を急速に奪う解熱剤を飲まれたら、たまったものではない。身体の中には「10万人の軍隊と１００人の名医」がいるのである。どうも現代人はそれを信じていない。

ちなみに、がん細胞は35℃を最も好み繁殖し、39・3℃で死滅することが明らかになっている。最近、友人ががんになったので、そのことを真剣にアドバイスをした。「僕なら東南アジアに行ってマラリアにわざと感染するといった『治療』を施す。お前もそうしろ。高熱を一週間続けたら必ずがん細胞は死滅する。まかり間違っても、絶対に抗がん剤治療などしてはいけない」。実にすばらしいアドバイスであったのだが、筆者は医者ではないので信じてもらえなかった。彼は、白衣を着た医者の勧めで手術を選んだ。

身体には、異物の侵入を見張るパトロール隊もいれば、異物を発見したら軍隊を動員する招集係もいるし、緊急アフターに駆けつける遊撃隊もいる。血液の中には全ての機能が備わっている。彼らは体温が高いと張り切って活動できる部隊なのだが、低体温の中では弱い軍隊に様変わりするのだ。よって、免疫力を高めるとは血流を高めること、体温を高めることだ。

専門書をひも解けば、血中のマクロファージとか、NK細胞やら、リンパ球やら、キラーT細胞やら、専門の医学用語が並んでいるが、ごく簡単に要約して述べれば、そういうことである。

ヒポクラテスはかく語りき

免疫力を高めるとは血流を高めること、体温を高めることだ。病気治療、病気予防の第一は「免疫力」を高める生活習慣をつけることだと断言してよい。しかるに、現代人は50年前と比較して体温が0・7℃低下している。つまり免疫力がかなり落ちてしまっているのだ。とりもなおさず、病気にかかりやすくなっているということである。原因はさまざまあるが、筋肉量の低下が挙げられる。筋肉は運動に欠かせないだけではなく、身体の中で熱を生産する工場でもある。筋肉量が低下するということは工場が減少し、熱の生産量が減ることを意味する。その結果、身体に十分な「熱」を供給できなくなってしまい、低体温になってしまっているのだ。

全自動の家電に囲まれたライフスタイルの変化は、肉体労働を遠ざけてしまい、筋肉量を落とし逆に脂肪を増やすことになってしまった。便利なライフスタイルをもはや変えることはできないので、スポーツジムに通ったり、ウォーキングをしたりする必要がある。何もしなければ筋肉量が減少し、熱を供給する発電所（筋肉）の発電量が減少するだけだ。

ルネッサンスの絵画を見ると、今の基準からすれば女性は全員ふくよかな身体をしていて、まるでメタボに見えてしまう。だが、現代の女性と比較したらはるかに筋肉量が多く、平熱も高く健康的だったのである。農作業をせず、エアコンの効いたオフィスで書類仕事に従事するだけでは、絶対的な運動量が不足し筋肉量を減少させてしまう。またナイスバディを手に入れるための無理なダイエットも、筋肉量を落とす原因になっている。低体温を誘発する近代的な生活のなかでは、意識して運動量を増やす以外ない。

女性の方たちは、生理痛だからといって、セデスやイブやバファリンといった消炎鎮痛剤を安易に飲む悪習慣を、勇気を出して止めることである。冷えを防止し体温を上げることが生理痛にも効く。また、便秘をしたら便秘薬を飲むというのも良くない。便秘薬は腸の煽動運動を補助する効能があるが、服用を日常化することにより次第に効かなくなるばかりか、薬なくして煽動運動ができない体質になってしまう。どんな薬も服用が続けば結局、身体が慣れ効かなくなるのだ。薬は苦しみや痛みをやわらげるために、一時的に飲むのはよいが常用するものではない。西洋人は風邪をひいたら、たらいにお湯を入れ、足をつける伝統的な治療をするが、これは実に正しい。どこかで風刺画を見たことがあるだろう。心臓から最も遠い足を温めることにより、血の流れをよくし、免疫力を高める効果を出している。昔の人は、よ〜く知っていたのだ。先人の知恵を侮ってはいけない。

最後に医学の祖・ヒポクラテスの言葉で締めくくる。

「病気は人間が自らの力をもって自然に治すものであり、医者はこれを手助けするものである」

人間は生まれながらにして１００人の名医を持っている

小食が目覚めさせる１００人の名医

「人間は生まれながらに、体内に１００人の名医を持っている」。ギリシャの医聖、ヒポクラテスの言葉だ。生まれた時から全ての人に備わっている、自然治癒力のことを指している。ところが現代西洋医学では、自然治癒力に任して病気を治すという考え方をとっていない。〝体内の１００人の名医〟を信頼していないのだ。

ほっといて病気が治ってしまうなら医者に診てもらう必要がなくなるので、医者は廃業しなくてはならなくなるからだ。山ほどの薬をしっかりと飲み続けてもらい、病院に通ってもらわねば経営が成り立たない。現代人は病気を治すのは自分の身体ではなく、「医者」であり「医術」であり「病院」であると思い込んでいる節がある。医聖ヒポクラテスが言う「人間の身体の中に１００人の名医がいる」を信じていない。ほとんどの人には、自然治癒力で病気を治すという発想はなく、ゴホンと咳が出て発熱すれば病院に行くか、薬局に行き「薬」を買い込むという行動パターンをとる。

かくて我が国の医療費は、42兆円という莫大な予算を組むまでに至った。１９９０年と比較したら二倍以上に膨らみ、今後も減る見通しはない。この金額には家庭で薬局から買う「薬」代金や、鍼灸・ほねつぎ・マッサージ等の非保険医療費は含まれていない。

日本中で真新しい「総合病院」が次々と建設されているが、病院が繁盛して国家が繁栄することはない。イスラエル全土で病院がストライキをして診療が停止したら死亡率が下がり、再開したら元に戻ったというエピソードがあるが、これは、本来なら治る人が病院に行ったために死んでしまうという皮肉な現象を示す好例である。医学という専門性の前で医学知識のない患者は無力であり、ただ、ただ、担当医の言葉を信じて治療を受けるしかないが、その治療が間違っていると、治るものも治らず逆に体を蝕んでしまうことさえある。医者と患者という決定的な立場の違い、助ける側と助けてもらう側の立ち位置の違いで、患者は主治医の治療法に盲従するしかなく、議論をする余地さえない。それゆえに、全ての人が自己防衛のために医学知識を持たなければならない。それでないと、「医療」ではなく「医猟」の対象となってしまう。

健康オタク？　として、長年健康をテーマにした本を読破してきた私は、つまるところ健康の基は「小食」にあり、「免疫力」も「空腹」により高まるという結論に達した。それが「体の中に住む１００人の名医」を働かせることなのだ。その延長線上には「ファスティング」（断食）による健康法がある。

「小食」には、次のような効能がある。

「肌が若返る」「メタボが解消する」「血圧が正常になる」「血液が浄化される」「免疫力がアップする」「がんが治る」「糖尿病が治る」「心臓病が治る」「痛風が治る」「アトピーが治る」「アルツハイマーに効果がある」「不妊治療にも効果がある」「心筋梗塞を防止する」「大腸を若返らせる」「頭が冴える」「精力絶倫になる」「長寿になる」「火傷にも効く」……。一言でいうと、万病に効くのだ。

ここまで言い切ると、眉唾に思えることだろう。不治の病というイメージの病名がズラリと並び、それをただの「小食」で治ると言い切るのだから、無理はないだろう。しかし、本当なのだ。

ドイツの諺に、「一食は本人のため、もう一食は医者のため」というのがある。ヨガの教訓にも「腹八分で医者要らず」「腹六分で老いを忘れる」「腹四分で神に近づく」と、小食を推奨するものが多い。釈迦もキリストも老子もマホメットも、断食をして悟りを開いた。たらふく食って悟りを開いたなど聞いたこともない。

「小食」を啓蒙する船瀬俊介氏は「一日一食」を提唱している。彼だけではなく、数多くの良識あるドクターや研究者が「ファスティング」を勧めている。芸能人やスポーツマンや経営者に「一日一食」を習慣化して健康でバイタリティあふれた仕事をしている人も意外にたくさんいる。

船瀬氏によると、タモリ、ビートたけし、水谷豊、片岡鶴太郎、千葉真一、松田優作、元ピンクレディーのｍｉｅ、ジャパネット高田の高田社長、星野リゾートの星野社長、スポーツ界では、白鵬、落合博満、横峰さくら、さらには「ニンジンリンゴジュース」でお馴染みの石原結實医師などがこれによって成果を上げげた。そして、ビル・ゲイツも超がつくほど小食である。彼等は「一日一食」でハードワーキングをし、そして健康体を維持している。できる人間は超小食なのだ。

「小食健康法」は今に始まったものではない。朱子が編算したと伝えられる「菜根譚《さいこんたん》」にもその教えは説かれているし、腹八分は江戸時代の儒学者、貝原益軒の「養生訓」にも書かれている。このように、古来、東洋医学、養生法、仏教、儒学では説かれていたことなのである。

1999年のサーチェイン遺伝子（長寿遺伝子）の発見により、小食長寿は医学的にも立証された。レオナルド・ガレンテ博士によって発見された長寿遺伝子はカロリー制限でオンになることが分かった。つまり、カロリーを制限すると寿命が延びるというわけだ。

さかのぼって、1953年にはすでに「マウスを腹六分で育てたら寿命が二倍に伸びる」ことが証明されていた。2009年、アカゲザルを使った研究でも、腹七分にしたサルは1・6倍長生きしたという結果も発表されていた。

その後、アンチエイジングの研究者たちは、カロリーを制限したら寿命が延びるという不可思議な現象に注目し、独自に小食と寿命の関係を究める実験に没頭した。すると、ゾウリムシなどの原生動物から、虫、爬虫類、哺乳類まで寿命が延びるという結果になったという。小食の延命効果は原生動物で1・9倍、虫で1・8倍、哺乳類で1・4倍とのことだ。

小食は長寿に結びつき、身体の老化を防止し若返らせる。つまり、今流行のアンチエイジングに直結するのである。しみ、そばかす、しわをなくし、美肌も実現することができる〝特効薬〟なのだ。取り組まない手はあるまい。

では、なぜ「小食」にすると健康になるのか？　長寿になるのか？　それは、臓器、脳細胞、神経から「体毒」が排出され浄化されるからである。ファスティングすると頭が冴えると言われ、筆者も一日二食を15年続けているので、満腹の時と空腹の時の頭の冴えの違いは日々経験している。午後からの講演やセミナーの前には、一切腹に食物を入れないようにしてきた。

山田豊文氏（杏林予防医学研究所所長）は、ファスティングで頭脳が冴えるのは「脳細胞がデトックスされるからです。脳細胞の汚れが落ち、脳が若返り活性化するためです」と解説している。

体には農薬や合成着色料などさまざまな「毒素」が蓄積されているが、その有害な物質が「小食」により体外に放出されるのである。身体のメカニズムは、食物が胃の中に入ってくると、自動的に「消化」のために働き始める。しかし、小食あるいはファスティングにより食物が入ってこなくなったなら生命の危機を迎えるので、生命維持のために蓄えていた脂肪を燃焼して血液に栄養素を送ったり、身体に溜まっている毒素を排出したりし始める。「入る」を制御したら、「出る」の機能が活発化するのである。

毎日三食しっかり食べていたら、消化吸収エネルギーは42㎞のフルマラソンで消費するエネルギーに相当するそうなので、「入る」ものを消化吸収するほうに身体は重点的に働き、「出す」ほうに働く割合は相対的に低下する。そのため、本来体外に排出されるべき毒素が体内に蓄積してしまうというわけだ。要は、入ることを制限したら、出すために身体が働きだすということである。この時、身体に住んでいる１００人の名医が目覚めるのだ。

「血液」も同じ原理、同じメカニズムにより浄化される。血液はサラサラがベストな状態だが、多くの人の血液はストレスや大食や間違った食事によってドロドロになっている人が多いことはよく知られている。血の汚れ、血のドロドロは全ての病気の原因と言い切ってよいだろう。従って、これを浄化しなければならない。ドロドロの状態とは、赤血球同士がくっついた状態で起きる現象である。ならば、くっついた赤血球同士を離せばよい。そうすれば、血管内をサラサラと流れていくようになる。その最適な方法がやはり「ファスティング」なのだ。ファスティングすると体内に水分しか入らなくなり、血液はサラサラと流れるようになる。

『断食でがんが治る』の著者・鶴見隆史医師は言う。「体が『自分で治す』というモードをスイッチオンし、免疫力、自然治癒力をよみがえらせてあげると、がん細胞も結果的には元の正常細胞へと戻っていくのです」と。

ここが肝心である。「体は自分で治す」という〝意志〟が身体の中に住んでいた〝医師〟を呼び覚まし、結果として免疫力が増し自然治癒力をよみがえらせるのである。その原点には「小食」「ファスティング」があるということだ。

それだけではない。ファスティングは血管の中まできれいに掃除して、ツルツルの血管をよみがえらせてくれる。

「ファスティングで食を断つ。すると、体に栄養分が入ってこなくなる。生体は栄養源を求めて、体の中のものを活用します。血管内に沈着した汚れ（アテムロール）すら〝栄養源〟として消化するのです。この汚れというのは何かというと、新陳代謝しきれず、やむを得ず老廃物として血管内に沈着したものです。断食で食を断つことで、血管内の汚れは自己浄化されていきます」（船瀬俊介氏）。

断食、小食健康法の権威・甲田光雄医師はこれを「自己融解」と呼んでいる。ツルツルになった血管とサラサラになった血液により、血流はよみがえり身体の隅々まで流れるようになる。すると、あらゆる病気は治り、健康は回復に向かうようになるのである。このように、実に難しい血管内の汚れの除去、血液のサラサラ化は、ファスティングにより難なく達成することができる。

食べすぎる日本人

「厚労省が30品目食べろ」とか栄養学会が「一日２４００kcal摂取しろ」とか、好き勝手なことを言っているが、全部ウソである。先進諸国の現代人は概して食べすぎである。人類は飢餓との戦いの歴史だったので、今のように食糧事情がよくなれば、どうしても本能的に食べ過ぎてしまう。日本も江戸時代末期から三食食べる習慣になってしまったが、一日一食か二食が日本の食生活の長い歴史だった。一食増やし、文明開化の明治期からは、肉食をはじめ、牛乳を飲むようになった。食の西洋化により、その代償として病気がデパート化してしまったというわけだ。栄養事情がよくなり、日本人の伝統的病気であった脚気や肺炎は減少したが、大腸がんや痛風や心臓病など西洋的な病気も輸入してしまったのだ。

それに反して、米国では、上院公聴会のマクガバン議員の「マクガバンレポート」で「和食こそ人類最高の食事であり、われわれ西洋人の食生活は間違いである」との考え方が示されて以来、米国の伝統的な食生活を変えようとしている。世界を席巻する寿司、ラーメンブームの中、本家本元の日本が諸外国の和食化の流れと逆行している。

一日一食を提唱する船瀬俊介氏は、ため息まじりに言う。

「三食しっかり摂って糖尿病になった患者に、医者は『三食しっかり食べなさい』」さらに『一生、糖尿病は治らないからずっと薬を飲み続けなさい』と指導し、糖尿病患者が『ありがとうございます』と感謝して金を支払って帰っていくのは、下手な漫才より酷い」と。

まさに、その通りである。医者は治す方法も知らないし、治そうともしない。一生涯治らないという前提で、薬を処方するのだから、実にたちが悪い。それにクレームをつけずに、薬を嬉しそうに持って帰る患者も奇異だ。しかし、そんな不思議な光景は、毎日、日本中の病院で繰り広げられているのである。「盲人が盲人の手を引く」とはこのことだ。

一日一食でさらに飛躍

「塾長、わかっちゃいるけど、とてもじゃないが一日一食は無理」という声が聞こえてくる。ならば、まず一日二食にしよう。それもできないなら、月に一日ファスティングの日を決めて実践しよう。その時、頭の冴えや、身体の軽快さ、空腹の幸福感を経験してほしい。所詮、苦しいことは続かない。世界中でファスティングを続けて健康と幸福を手に入れている人たちは、ファスティングに伴う幸福感を感じているからこそ続けているのだ。その刹那、ヨガ行者が諭す「空腹を楽しめ」の真の意味が理解できることだろう。マラソン時の「ランナーズ・ハイ」と呼ばれるエンドルフィン（脳内麻薬物質）の分泌による気分の高揚にも通ずるものかもしれない。

学生時代に、給食の後の五時間目の授業が何とも眠たくて船を漕いでしまう経験は誰しもあることと思う。瞼が重くなるあの現象は、胃の中に入ってきた昼食を消化するために胃に血液が集中し、頭から血液が減少することにより起きるものだ。満腹で勉強は進まず、集中力を保つことは至難の業である。ならば、昼食をとらなければいい。その先には学習が進む五時間目が待っている。それはビジネスパーソンにも同じく通用し、午前中同様、仕事がはかどる午後を手に入れることができるのである。

筆者は長年、朝食抜き「一日二食」の生活を続けてきたが、一日一食を提唱する船瀬氏に影響をうけ、今それを実践している。これにより、一日フルに働くことができることを実感している。一日中が午前中の感覚で仕事をやり続けることができるようになった。一日一食によって「健康になる」「仕事がはかどる」「昼食代がいらない」「頭は冴える」「ダイエットになる」と、得る物は山ほどあっても失うものは何もない。

人間は食べたものによって、今の身体を作っている。ならば、食べ物と食べ方と食べる量を変えれば、今の体の状態は変わるということだ。

人間の細胞は60兆もあり、新陳代謝しては一年で全て入れ替わっている。なのに、それでも依然として同じ「病気」を続けているのなら、「努力」して病気を続けているようなものだ。「食生活」と「思い」を見直す必要がある。神様がつくってくれた身体のメカニズムと法則を多くの人が知り、健康な身体を手に入れてほしい。

絶対的勝利の方程式

第一の方程式・ナンバーワンを目指すこと

経営者・ビジネスマン向けの「成功」に関する本はちまたに溢れかえっているので、筆者の経験に基づくオリジナリティにとんだ内容のものを語りたいと思う。「成功の方程式」でもよかったが、あえて「絶対的勝利の方程式」というタイトルにした。歴史は勝利をした側が創ってきた。敗者にも理はあったであろうが、勝利をしない限り歴史を動かすことはできないのだ。もし、自分、あるいは自社の正しさを主張するならば、強くあらねばならず、勝ち進んでいかねばならない。

では、勝利の方程式の第一は何かというと「巨大な目標を掲げる」ことだ。そして、巨大な目標とはナンバーワンになることである。織田信長は「天下布武」という組織目標を最初から掲げた。天下統一を明確に描き、それに向かって邁進した大名は他にいない。織田信長のみが天下統一を明確なビジョンとして描き切っていたのである。武田信玄も、上杉謙信も、比類なき強敵ではあったが、「天下布武」という大きな目標を掲げることはしていない。

武田信玄を象徴する「風林火山」は目標ではなく兵法である。信玄は、勝つためにいかなる戦いの手法を講じるかという戦略論を中心に組織運営をした。上杉謙信の象徴「毘沙門天」には、仏門に入った哲人政治家の面が如実に現れている。毘沙門天は仏教における天部の仏神のなかの武神のことだ。己または上杉軍を毘沙門天になぞらえ「仏法護持のために闘う」を理念の中心に据えたのだ。両者は織田信長軍以上に強かったところもあるが、歴史は織田を中心に動いていく。

さて、その違いは何だったのかというと、ビジョンの違い、目標設定の違い、理想の違いであろう。ここで勝負を決したところがあるように私には思える。明確にナンバーワンになるという目標を抱いたか否か、描くことができたか否かという違いだ。

尾張の弱兵を抱えながら「天下布武」、すなわち「武力をもって群雄割拠する世の中を平定し統一国家をつくる。そして、平和な世界を築くのである」という、織田の掲げた理想は巨大である。ホンダや日産が「天下布武」を掲げるのは奇異でないが、光岡自動車がトヨタを抜き去り業界ナンバーワンになるという目標を本気で掲げることは実に難しい。一弱小大名である信長が一からリクルートしつつ、人を育て、組織を形成し勝ち上がっていくのは実に大変なことだったろう。しかし、数々の困難苦難があろうともそれを明確に描き続けることが勝利の方程式である。描くことではなく、描き続けることがポイントなのだ。

しかも、「天下布武」には、志と理念を包含している。目標だけではなく、そこには戦いに勝っていく正当性があった。織田に仕えていた部下（家臣）たちは、これによって士気を鼓舞されたことだろう。

それに対して、大義名分なき戦いが弱いということは歴史が証明している。薩長連合軍は「錦の御旗」を掲げ東進していったが、時の将軍であった徳川慶喜は錦の御旗を掲げられることによって、言うなれば、時の政府に対する反乱軍に対し弓を引くことができなくなった。薩長軍が敵の大将を研究し、水戸学を学び尊王思想に染まっていた慶喜の弱点を突いたという見方もできるが、錦の御旗を翻すことによって、付け焼刃で集合した各藩の連合軍の意識統一と勝つための正当性を誇示することができたことにより勝利の進軍に繋がった面が大きいのだと思う。

第二の方程式・大義名分を掲げること

「天下布武」の目標には志と理念が織り込まれている。「武をもって天下を収め群雄割拠する戦の世を終わらせ平和な世の中を築くのだ」というスローガンに、織田に使えていた部下（家臣）は燃えたことだろう。大義名分なき戦いでは勝負に勝てないのは歴史が証明している。薩長連合軍は「錦の御旗」を掲げ東進してきたが、時の将軍であった徳川慶喜は錦の御旗に弓引くことができなかった。よって、勝利の第二の方程式は「大義名分」を掲げること。言い換えると、戦争目的を明示するということである。

大東亜戦争の戦争目的は明快だった。「西洋列強が支配するアジアの民族を解放する」ことである。オランダはインドネシアを３００年、イギリスはインドを２００年植民地にしていた。ビルマ、マレーシア、ベトナム、フィリピン、カンボジア、シンガポール…、タイ国以外全てのアジアの国が植民地になり、白人に支配され、搾取され続け貧困にあえいでいた。そこに自由はなかった。大東亜共栄圏構想には、東亜の民族を解放し、共に繁栄しようという正当性があった。実際、１９４３年（昭和18）11月５日から11月６日にかけて各国元首を東京に招き、大東亜政略指導大綱に基づき第一回大東亜会議を開催したのである。日本は本気だった。

戦後、「大東亜戦争」という実に戦争目的を言い表した名称を封印し、太平洋戦争という何の理念も理想も入らない名称に変えたのはＧＨＱである。「大東亜戦争」という名称が、アジアでさんざん悪事を働いてきた歴史を持つ連合軍には都合が悪かったのである。

しかし、どんな理想を掲げ、大義名分があったにせよ、日本は戦争に負けたではないか、という反論が聞こえてくる。確かに、日本は戦争に負けはした。だが、実は戦争目的は達成しているのである。「戦争の目的は政治目的を達成することである」と喝破したのは「戦争論」という著書を表したクラウゼビッツだ。日本の政治目的は何であったかというと、アジアの解放である。解放とは、西洋列強に支配されている国民に自由を与え独立国家に戻すということだ。戦後、今や世界中に200もの独立国家ができたのは、日本が勇猛果敢に戦ったからにほかならない。アジアで、南太平洋で暴れたからにほかならない。政治目的は達成したのである。日本軍があれほど強かったのも、大義名分があったためである。

勝ち進んでいる企業には大義がしっかりとある。何のために我が社が大きくなる必要性があるのかを経営者のみならず社員が明確に答えることができる。なるようになるという理念ではなるようにしかならないし、なるようにもならないものだ。

では、従業員が奮い立つ自社の正当性というのはいったい何か？　「社会性」である。社会性とは、企業が勝ち進み発展することにより、自分以外の人々に対して良き影響力を講ずることができるということである。社会性がなかったら力は出ない。従業員は奮い立ってくれない。会社が大きくなり儲けるのは、社長がベンツに乗り、料亭、クラブ通いをするためというのであれば、燃えたつ社員はいるはずがない。社会性がなく会社をコントロールすることはできず、勝利するともできないのだ。

「鉄の組織」と呼ばれるものが二つある。一つは軍隊であり、もう一つは宗教だ。共に大義名分と社会性がある。軍隊は国民の生命と安全を自らの命を賭してでも護るという社会性であり、宗教は法を広げることにより数多くの人を幸福にし救うという大義名分だ。それゆえに、一銭にならなくともボランティアとなり、熱誠無私となり活動を展開する。それほど信仰には強さがある。

「強さ」の根源にはいったい何があるかということを知っておかねばならない。金だけのために人は働いてくれないのである。社会を通じて自己を実現したいという欲求を人は持つし、人のために役に立ちたいという善性もある。そこを刺激できない企業や経営者は大なるものになることはない。

目標は何のためにあるかというと、未来のためではなく、現在のためだ。今日の自分を変えるためにある。未来の方向性が明確にあるので、その方向に頭を向けて進んでいくことができるのである。人は頭の向く方向にしか進むことができない。散歩していて気が付いたら富士山の頂上に登っていた、などということは絶対にないのだ。

第3の方程式・戦略を立てること

第3の方程式は、「戦略を立てる」ことだ。「戦略を立てる」といっても実に抽象的であり、戦略を立てることができずに苦しんでいる姿が目に浮かぶ。そこで、劣性から一気に逆転劇を演じ、業界トップに躍り出た痛快な事例に基づいて、「戦略」とは何かを解説していきたいと思う。

事例1 「アサヒビール」大逆転の戦略

アサヒビールの大逆転はハーバート大学でも教材に使われるほど有名な事例である。ビールシェア率9％、長年低迷した万年負け組のアサヒビールが、シェア率63％のキリンビールを追撃し抜き去り業界一位に躍り出ることは奇跡そのものだった。シェア率63％というのは業界のガリバーであり、そのような完全寡占化市場での逆転劇はとても考えられない出来事だった。その大戦略の中心にあるのが、1987年に社運を賭けて発売した「スーパードライ」の商品戦略だった。住友銀行から転じてアサヒビールの社長に着任した樋口社長は、業績回復のために次なる戦略を立てる。

戦略1　企業風土刷新戦略。万年負け組根性に陥っていた社員に対して、企業のビジョンと経営理念を明確に示し、企業風土の変革を断交し、社員の行動規範もつくり、徹底した意識改革に取り組む。

戦略2　「鮮度」と「品質」戦略。ビールは鮮度が命、時の経過と共に酸化し味はまずくなるのに、アサヒビールは小売りベースでの品質管理がずさんで製造から時間が経過してしまっているビールが出回っていた。そこで、会社を挙げて流通在庫の最適化と工場から消費者に届くまでのリードタイムの短縮化、並びにビールそのものの鮮度を維持する製法技術の強化に取り組んだ。端的に言うと「鮮度」と「品質」を徹底的にこだわり、それを消費者に対する「売り」にする戦略を立てた。ちなみに、現在はたった3日で店頭に並ぶ流通体制を構築している。

戦略3　ロゴマーク刷新による、ブランドイメージ一新戦略。レトロで、垢抜けしなかったアサヒビールのロゴを刷新して、シャープでキレのある新ロゴに変更する。

戦略4　ビールの流れの中心を「ラガー」から「生」に切り替える差別化戦略。熱処理された伝統的ラガービールからドラフト（生）ビールに路線変更する。

戦略5　ビールの新ジャンルを開拓する「味の差別化戦略」。女性には人気があった甘いアサヒビールの味を、全面的に今までの味とは対照的な「辛口」に変えてしまう。今までになかった「ＫＡＲＡＫＵＣＨＩ」のテイストで勝負に出る。嗜好調査を行なった結果、「コク」と「キレ」を求める消費者が多いことが分かり、思い切って「ドライビール」という新ジャンルを切り開くブルーオーシャン戦略をたてる。

戦略6　ブランド戦略。新商品スーパードライに特化した絞り込み販売戦略を採用する。アサヒビール＝スーパードライのイメージの定着を図る。一点集中のメガブランド戦略が集中効果を発揮し、一気に消費者に広がるようにする。

戦略7　ＰＲ戦略。「ドライ・辛口」を売り込む為にＴＶＣＭに当時一世を風靡していた辛口国際評論家・落合信彦を採用してインパクトのある宣伝をする。ＴＶＣＭに限らず、全15段の新聞広告、ラジオ、雑誌、各メディアに大量に洪水のような広告を打ち続け、勝負に出る。発売二週間後の広告「飲むほどにＤＲＹ。辛口。生。好評発売中！」

戦略８　後方支援戦略。アサヒの母体である住友グループを挙げてアサヒビールを飲む。宴会、式典、イベントなどでアサヒビール以外は出さないようにして、グループ総力をもって援護射撃をする。

発売直後から用意周到のＮｏ．１戦略が功を奏し、アサヒビール人気はうなぎ上りとなり、シェアを上げ続け、遂にキリンビールを逆転し業界１位となる。まるで絵に描いたような逆転劇だ。ビールの肝である「鮮度」と「味」を〝売り〟にする、「スーパードライ」を開発し辛口ビールという新ジャンルを開拓するという、一点集中したメガブランド戦略を立て、大々的な広告を打つＰＲ戦略が功を奏して伝説は生まれた。これに焦ったキリンビールが長年の固定客が愛してやまないラガービールを捨て、アサヒに対抗するために主力商品を同じくドラフトに替えてオウンゴールをしたことも短期間でのシェア獲得に幸いした。

その後、ビール業界では「ドライ戦争」が勃発し各社ドライ商品を投入するのだが、先駆者のアサヒビールをとらえることはできずに敗退し、アサヒはドライ市場を独占した。

そして今ではドライは世界を席巻している。今もアサヒはシェア率38・2％で5年連続業界トップを守り、王座に君臨し続けている。

アサヒビールの大逆転劇から学ぶ戦略論における「勝利の方程式」は、「他社にないオリジナル新商品を投入する差別化戦略」「メガブランドを育成するために一点集中した広告宣伝を打つ」というところである。

事例2 「ガリバー」のブルーオーシャン戦略

次に、成熟産業の中古車業界に目を転じ、「戦略論」を学ぶことにする。中古車業界というのは飽和状態の業界で、レッドオーシャンの典型である。その成熟産業の中古自動車業界を一変させた企業が北陸から登場した「ガリバー」だ。この会社は何を変えたかというと「売り先」を変えたのである。

中古自動車というのは、エンドユーザーもしくはオークション会場から仕入れて、エンドユーザーに販売するものだった。ところが、ガリバーは個人、法人から仕入れて、個人、法人に販売せず、オークション会場専門に売るという販売方法を生み出したのである。

中古自動車は食品に似て毎日劣化する。車検があれば毎日短くなり、保険も税金も毎日消費してしまい、価値が日に日に低下するという宿命を負う商品だ。だから、一日でも早く販売し、回転率をよくしないと、在庫の資産価値が低下してしまうのである。そこで、売れるかどうか分からない商品を店頭に飾ることなく、仕入れたら当時全国193ケ所あったオークション会場に持っていき販売することにより、実に一台あたりの回転率を一週間くらいと劇的に短縮したのである。

これは革命的だった。中古車を一般の顧客に売らないという新しいビジネスモデルを作り、コロンブスの卵を見出した。果たして、一気にフランチャイズ化し全国チェーン店化にも成功し大躍進したのである。

オークション会場で業販をするよりもエンドユーザーに販売した方が利益はとれるのだが、日々劣化する中古自動車の販売回転率を劇的に上げることにより、高収益を確保するというわけである。このレッドオーシャンの業界を、発想の転換によりブルーオーシャンに一変させたマジックだった。

ガリバーの躍進から学ぶ勝利の方程式は、「常識にとらわれない新しい販路の開拓」「ビジネスモデルを変えれば、飽和業界でもブルーオーシャンを創れる」「回転率重視経営」というところだろう。

事例3 「ソフトバンク」の携帯電話ナンバーワン戦略

最後に、携帯電話業界である。ソフトバンクは2006年4月に英ボーダフォン日本法人の買収を完了させる。買収額は1兆7500億円だった。業界三位のボーダフォンのソフトバンクの無謀な買収劇の失敗を予見した向きからは、「ソフトパンク」と揶揄された。孫社長は携帯電話事業の拠点をソフトバンク本社のある汐留にすかさず移転し自ら陣頭指揮をとり、一気に「戦略」を練り直した。

ネット接続サービスの「ヤフー!BB」でブロードバンドを普及させるために、街頭で無料モデルを配布する「奇襲作戦」を展開し、一気に契約者を獲得したように、ソフトバンクがシェア率劇的アップを狙って出してきた「戦略」は「ホワイトプラン」という料金プランだった。月額980円を支払えば、午前1時から午後9時までの20時間はソフトバンク同士の端末間での通話が無料という料金体系のことだ。また、それ以外の時間帯の通話、他社携帯との間の通話料は30秒あたり21円という分かりやすいプランだった。敵陣の「NTTドコモ」も「au」も手をつけていなかった「ホワイトプラン」の登場は大きなインパクトを与え、消費者はソフトバンクに飛びついた。そして、2007年5月には、携帯電話事業参入後初めて月間契約数の純増数で首位に踊り出たのである。

その後、ナンバーポータビリティーの導入が追い風に乗り、上位二社を草刈り場にして契約数を増やし続け、さらに、スティーブ・ジョブズと親交のある孫社長はアップルのスマートフォン「i-phone」を日本市場独占契約により発売した。この商品戦略により、価格に敏感な顧客だけではなく、テクノロジーに敏感で月額の使用料金の多いヘビーユーザーも会得することになった。

3番手だったソフトバンクは、2013年には売上高で遂に首位に躍り出た。売上だけではなく、営業利益も同年1兆円を突破する高収益会社に躍進した。ついに、NTTの牙城を攻略したのである。

ソフトバンクの登場は、世界有数に高額だった通話料金を引き下げる働きをしたことである。孫社長の持論だった「情報革命で人々を幸せに」の理念を体現したことになる。もう一つ、携帯事業への参入はソフトバンク本体にとっても副次的効果があった。ボーダフォン買収によって、全国津々浦々に「ソフトバンク」の看板が設置されることになり、「ソフトバンク」のネームバリューを飛躍的に高める働きをしたことだ。全て計算の上で成された事業戦略であろう。

ソフトバンクの「勝利の方程式」をまとめると、

戦略1「奇襲攻撃にあたる通話料金0円戦略による市場参入」

従量制を取る通話料金体系を定額制に変更する道を開拓した。

戦略２「新機種i-phoneの独占契約によるスマホへの機種切り替え」

日本の性能のいい携帯電話の端末が米国製に負けるはずがないと、他社が鼻をくっていた時にスマホの時代の到来を予見し、先に動き仕掛けた。

戦略３「波状攻撃」

１つの攻撃の成功に胡坐をかくことなく、第二派、第三派のピークを作り出した。

戦略４「ＰＲ戦略」

ＴＶＣＭにストーリー性を持たせて、高い頻度で次々と新ＣＭを制作し消費者の関心をひいた。

三つの事例に学んだこと

以上経済界の実例を三例見てきたが、二つは業界のガリバーを駆逐していく戦略であり、もう一つは成熟産業の中の新業態を開発する戦略だった。小なる者が大なる者に立ち向かい倒していくことは難しいことだけに、それを成し遂げた企業や経営者には深遠な知恵と勇気と洞察力と実践力を見ないわけにはいかない。加えて、「勝利の方程式」にのっとった「戦略」があった。

経営とは、販売とは、消費者に選んでもらうことを意味するので、選ばれるためには絶対に同業他社製品より秀でた「商品」や「サービス」がなければならない。「差別化」「オンリーワン」「競合排除」が戦略の基本である。一度の成功も、継続的に新しい「商品」「サービス」を出し続けることができなければ売上は落ちていく。成功には賞味期限、有効期限がついているのだ。売上の上下、利益の高低が市場からの反応であり、市場の「答え」と捉え、それに適応してこそ事業の継続はある。そのため、変化を好まない組織や企業は淘汰されることになる。常に「どうしたら勝てるか」を考え続け、新戦略を打ち出す以外にないのだ。

最後に、何のための利益か、何のための事業なのか、根源的なる問いに対する答えを持っていない企業は弱いということも指摘しておきたい。30年連続増収増益の「ハーレーダビッドソン・ジャパン」はバイクではなく、「ライフスタイル」を売ることに徹し、強いブランドロイヤリティとユーザーの高い共有性を実現し、15年間に200万台も縮小したオートバイ市場で伸ばし続けることに成功した。それが、「あなたはいったい何を売っているのですか?」という問いに対する「答え」を持っていた企業とそうでない企業の違いなのだ。即物的な「商品」ではなく、商品の向うにあるものを売っているのである。

戦略は「何をどうするという」作戦立案でもあるが、実は企業風土を生み出す「考え方」に企業の繁栄の種がある。いつの時代も利益の追求を凌駕するロマンが高みに引き上げていく牽引力である。理想なきところに人は寄っては来ず、死に物狂いで働いてもくれない。まずは「理想」を高く掲げること、それが戦略を超えた最大の戦略である。

九州カルデラ破局噴火は富士山噴火より怖い

南九州の異変に注視せよ！

日本列島各地で火山噴火が相次いでいる。ご存じのように日本は世界有数の火山大国であり、活火山が86個も存在する。そのなかでも、今注目を集めているのが桜島の噴火だ。今年に入り小規模な噴火が実に1000回以上起きている。安倍談話が発表されるや否や、まるで連動するように桜島の山体が膨張し、噴火警戒レベルを4に引き上げ談話発表翌日の8月15日には、気象庁は桜島住民に対して避難もしくは避難準備を勧告した。19日午前3時13分には、警戒レベル4にした後初めて小規模噴火が起き、噴煙は500mの高さにまで上った。更に桜島の異変は続く。桜島の二俣港で火山ガスが海面に湧出する「たぎり」のような気泡が出現した。地域住民たちは、このような現象を見るのは初めてだという。桜島は火山活動を活発化しており、昨年だけでも噴煙が3000mを超える噴火が30回以上あり、警戒感は醸成されていたが、ここにきて100年前の大正噴火並みの大規模噴火の可能性が高まっている。

さかのぼること、2015年5月29日には、桜島の南に位置する鹿児島県屋久島町の口永良部島で水蒸気噴火が起き、その噴煙は高度1万mの高さにまで達した。噴火に伴い火砕流が発生し、北西岸の海岸まで達したが、火砕流の速さは時速140㎞と推定されるという。雲仙普賢岳の時もそうであったが、火砕流の速度は想像以上に速い。400℃を超える高温の火砕流が100㎞超のスピードで追いかけてきたら、人間はとても逃げおおせるものではない。今も、島民は口永良部島に帰島することができない状態が続いている。

桜島、口永良部島と鹿児島エリアに火山噴火が続くが、これは連鎖的火山爆発噴火に繋がる可能性を秘めている。さらに、ここ数年、鹿児島県だけではなく、日本列島各地で火山噴火は至るところで頻繁に起き、富士山噴火をも予測する地震学者も現れているが、実は富士山噴火など比べ物にならない噴火がある。それは「カルデラ破局噴火」である。英語に翻訳するとスーパーボルケーノだ。

「破局噴火」とは、地下のマグマが一気に地上に噴出する壊滅的な噴火形式で、巨大な爆発で大規模なカルデラを形成することから「カルデラ噴火」と呼ばれる。「カルデラ破局噴火」は地球規模の環境変化や大量絶滅の原因となる。すなわち、今起きたら「近代国家が破滅する」と言われている。地震学者の石黒耀氏が小説「死都日本」で「カルデラ破局噴火」を題材にし有名になった。今は海外でも〝HAKYOKUFUNKA〟と呼ばれるようになったという。

カルデラ破局噴火の被害は決定的なものになる

津波や地震や台風や竜巻や洪水などは一過性のもので、ある期間が過ぎれば自然災害はおさまるものだが、こと大規模噴火の場合は、その大量に噴出した火山灰が地球の成層圏を覆い尽くし、気象変化を起こすだけの力がある。つまり、噴火後、何年も何十年もその星に生きる生物に決定的な影響を与え続ける。

それは平均温度の低下である。平均温度が3度低下しただけで、人類は死滅すると言われているが、カルデラ破局噴火の規模によれば平均温度は10年に渡り低温化し、火山灰の冬を作り出してしまう。自然災害の中で最も恐ろしく、大量の生命を短期間に奪うのは、破局噴火ではないだろうか。

そのカルデラが五ヶ所も集中して存在しているのが「南九州」であり、近年桜島の火山活動が活発化してきている。桜島大規模噴火が「カルデラ破局噴火」に直結する可能性があるということを知る人は少ない。その恐怖は調べれば調べていくほど本当に計り知れない被害をもたらすことになる。

先日テレビ番組でちょうど九州カルデラ噴火の恐怖を放映していたので、まずはその番組で放映されていた内容を紹介し、カルデラ噴火における基礎知識を共有化したい。

桜島噴火に関わる、神戸大学大学院理学研究科の火山学者の第一人者・巽《たつみ》好幸《よしゆき》教授は、いずれ起こると言われている富士山噴火より怖いのは、九州の火山が噴火することだと断言する。九州には、「阿蘇山カルデラ」「加久藤《かくとう》カルデラ」「姶良《あいら》カルデラ」「阿多カルデラ」「鬼界カルデラ」と、この10万年の間にカルデラ破局噴火が起こったカルデラが五ヶ所も存在する。まさに〝カルデラ局噴火銀座〟だ。こういうところで噴火が起きると、富士山噴火とは比べものにならない大規模な噴火になる。

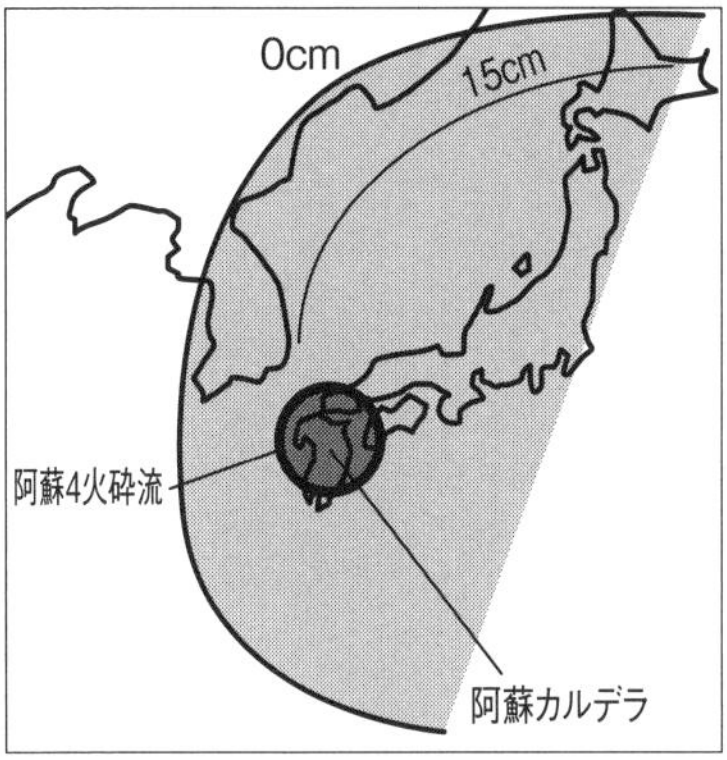

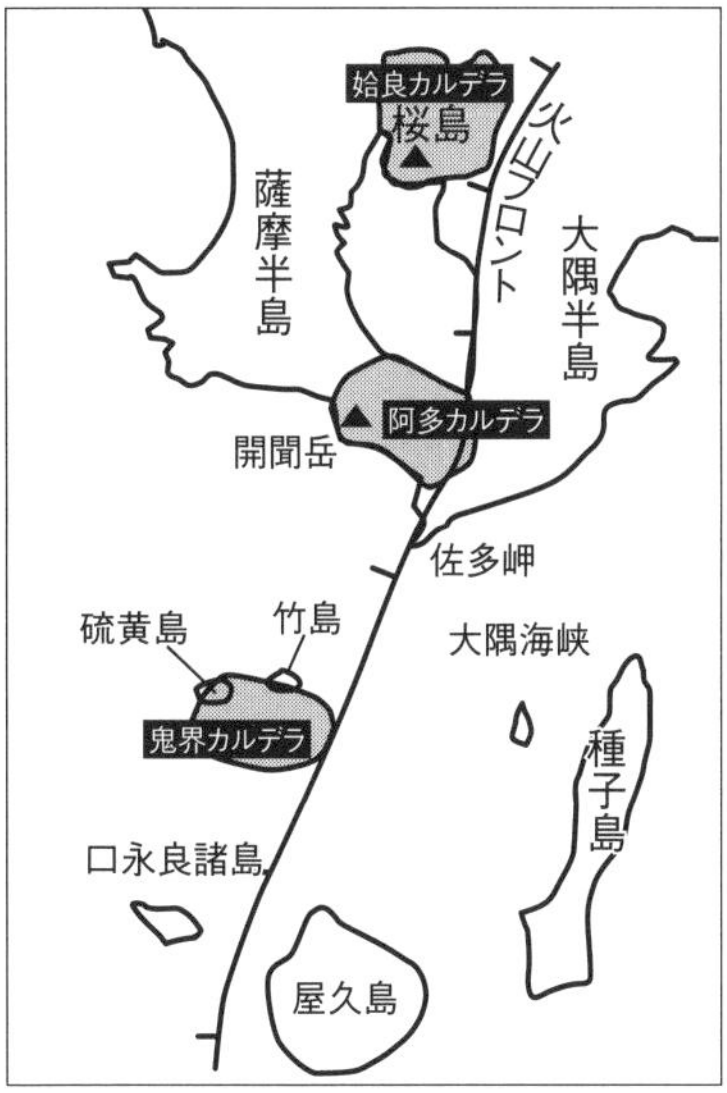

なぜそんな大規模な噴火が起きるのか？　富士山の火口の大きさは、700mから

800mだが、鹿児島の姶良カルデラは桜島を含んで北部の海域が火口になっている。桜島周辺の火口は海の底にあり、鹿児島湾の中ほどまでが火口になっている。つまり、その直径は20㎞にも及ぶ大きさとなっている。阿蘇山となると、もっと噴火火口は大きい。富士山噴火と比較したら、体積で言うと1000倍ぐらいのマグマが噴出することになる。

もし今、「巨大カルデラ破局噴火」が起こったら、最悪で1億2000万人。沖縄と北海道の東部を除いた日本全域の国民が被災する規模になる。

いや、噴出するのは決してマグマだけではない。実は火砕流のほうが直接的被害を起こす。後ほど紹介する鹿児島の姶良カルデラ破局噴火の時の「入戸火砕流」では、4000億㎥の火砕流が噴出されたことが分かっている。記憶に新しい1991年に起こった長崎県の雲仙普賢岳の大火砕流と呼ばれるものが、100万㎥だったので、ざっと40万倍の堆積量であったのである。しかも、噴火直後の火砕流の温度は800℃もあるので、それが時速100㎞を超えるスピードで襲ってくるわけだから、逃げる暇もなく容易に焼き殺されてしまう。言うなれば、火炎地獄が猛スピードで襲ってくるのだ。

それだけではない。火砕流だけでも恐ろしいのに、「火砕サージ」のほうが先に襲ってくるのだ。「火砕サージ」とは火砕流本体から噴き出す高速・高温のジェット粉体流のことである。「死都日本」の作者の石黒耀氏によれば、雲仙普賢岳の火砕流で高台にいた

43人の命を奪ったのも火砕サージなら、ポンペイ市民の死因も火砕サージだったという。よってほとんどの生物は火砕流到達の前に火災サージにより死に絶えてしまうというのだ。

サージの風速は最高速度２００kmを超えるという。新幹線並みの速度で高温の熱風が襲ってくるのだ。２００kmの速度というのは、秒速換算にすれば55・６ｍの烈風である。つまり、超大型台風と同じくらいの速度ということだ。しかも、台風と異なるのは粒子温度が３００～５００℃もあるというのだから、想像を絶する。一瞬で焼き焦げになりながら、吹き飛ばされることになる。このようなものが近代都市を襲ったらと考えるだけで身の毛もよだつ。

さらに恐ろしいことに、九州のどれか一つの巨大カルデラ火山が噴火した場合を、その被害をシュミレーションしたら、カルデラが連鎖反応して五ヶ所の巨大カルデラが一気に噴火する可能性が高いことが分かった。

特に、阿蘇カルデラ噴火が起きると、噴火と共に火砕流が４００℃の高温で時速１００kmで襲ってくる。およそ2時間で九州全域を覆い尽くす。とても逃げおおせる速度ではない。しかし、これでもまだ終わらないのだ。それほど破局噴火の攻撃はとどまることを知らない。その後、さらに噴火後に雨が降れば、堆積火砕物が雨に流されて土石流になり、真っ黒な水が生き延びた人々を「ラハール」と呼ばれる怪物が追い打ちをかけて襲ってくる。このように、大規模噴火は波状攻撃の如く、火山弾、マグマ、火砕サージ、火砕流、土石流（ラハール）と順番に生物を根絶やしにするかの如く、継続的に襲いかかってくるのである。

それだけで終わらしてくれない。その後、地上数万m以上に上昇した火山灰は偏西風に乗り、北海道までの日本全域にも降り注ぐ大被害をもたらすことになる。破局噴火はその噴火が起きた地域だけではなく、日本全国に広く火山灰を降らし被害を拡大させるのだ。東京に降り積もる火山灰は、およそ20㎝程度だが、これにより、鉄道、道路は全てストップしてしまう。空港も閉鎖され交通網は全て遮断する。また、現在電力供給の90％の火力発電所は稼働不可能で大規模停電が起きる。復旧までは早くて2、3週間はかかる。それに伴う餓死者が生ずる可能性も出てくる。

ではいつ起こるのか、それは分らない。巨大カルデラの噴火の可能性は、今後100年以内に起こると言われている。だから可能性として1％程度で、99％は大丈夫と思うがそうではない。明日起こっても不思議ではない。阪神淡路大震災は、30年以内発生の確立は1％と言っていたが、1995年に起こってしまった。神戸の六甲山のすそ野は地盤が固く、高級住宅がどんどんできた。そのようなところで大震災が起こる確立は、30年間で1％ということは、確率が99％までなるには3000年もかかる。だのに起こってしまった。だから確立などというのはあってなきが如しで、この噴火もそういった理由で明日起こってもおかしくない。

地震とは違い、火山の予知は前兆現象を比較的に捉えやすいので、きちんとした観測ができる環境を整えれば予知はできると言われている。九州の火山も予知できる。そのための観測をしっかり行うことが大事だ。先程の1億2000万人の被災者を減らすことも可能となると地震学者は豪語するが、筆者はそうは思わない。巨大地震は神戸、東北とノーマークのところで突如起きたように、火山とてノーマークの火山が突如噴火しても決しておかしくはない。

富士山もここ数年で噴火すると言われているが、結論から言うと必ず噴火する。富士山はバリバリの活火山だ。だからと言って、何時と言われても分らない。もし、富士山が噴火した場合、東京はどうなるのか。幸い、富士山の噴火は九州の噴火と比べると小規模で、我々が想定しているのは、交通網は全てストップするものの、火山灰は2～3㎝程度と予測される（20～40㎝という説もある）。ただ、ライフラインに関しては、九州の巨大噴火に比べてみると、早く回復すると見ている。

というのが、2015年8月8日に放映された毎日放送の番組「ジョブチューン」の「火山・ゲリラ豪雨・最新防災スペシャル」の内容に、筆者の火山研究を重ねたものを挿入した「破局噴火」の実態である。これを受けて筆者なりに、さらに九州の活火山について調査を重ねてみた。

日本では7000年から1万年に1度程度の頻度で、カルデラ破局噴火が起きていて、鹿児島県南方沖の硫黄島～竹島（韓国との紛争の竹島ではない）周辺の海底火山が大爆発した鬼界カルデラが生まれた噴火を最後に、ここ7300年、日本では破局噴火は起きていない。その当時の爆発規模はというと、フィリピンのピナツボ火山噴火の15倍、雲仙普賢岳の100倍と驚異的な規模。上空3万mの成層圏にまで達した大量の火山灰は、遠く東北地方にまで飛散した。なおこの鬼界カルデラ破局噴火が、当時南九州で栄えていた縄文文化を壊滅させたことは考古学上よく知られている。火砕流は半径100kmの範囲に広がり、南九州一帯は60cmの火山灰に埋もれた。大分県でも50cmもの厚みのある火山灰層が観察されている。鬼界カルデラの直径は20kmの噴火口を持つ巨大さである。

次に有名な阿蘇カルデラに至っては、わかっているだけでも過去4回大きな噴火を起こしている。9万年前に起きた噴火は阿蘇4噴火と呼ばれ、最大級の「破局噴火」であった。放出したマグマは600㎦以上に達し、先に述べた鬼界カルデラ噴火の5倍以上にも及ぶ。5倍と言ったらたいしたことないように思ってしまうが、比較する対象同士の噴火規模が大きすぎるからである。

あの３００年前の富士山宝永噴火の１０００回分にも及ぶと言ったら、そのスケールの大きさが分かるであろう。驚くのはまだ早い。火砕流に至っては阿蘇から山口県まで到達したというのだから、その規模がうかがい知れる。

火砕流というのは、信じられないことだが、海面を渡ることができる。火砕流は海に到達しても、決して全部が海に呑みこまれることはなく、滑るように海を渡ることができるのだ。阿蘇カルデラ破局噴火の時には、火砕流は大分県を横断し周防灘を渡って山口県に上陸し、県内部の山岳地帯まで達している。ちなみに、６３００年前の鬼界火山の破局噴火時には、50㎞の荒海を乗り越えた火砕流が九州本島に上陸し、鹿児島県を焼き尽くした。火砕流に至っては、対岸で噴火したものが「対岸の火事」にはならず襲ってくるのだ。

火山研究者は「普賢岳の〝大〟火砕流が、本当の〝大〟火砕流の威力をミスリードさせてしまい、あの程度と思わせてしまった」と指摘する。大規模火砕流の破壊力は想像を絶するのだ。阿蘇カルデラ破局噴火で阿蘇の山体は崩壊、根子岳だけが唯一残された。その後、カルデラ湖ができ、カルデラの中央火丘が隆起・噴火し中岳ができて現在の姿となった。阿蘇の山体は吹っ飛んでしまって当時の雄姿をとどめていないが、阿蘇の外輪山の直径は冒頭で触れたように半径25㎞にも及び、そのすそ野の広大さを計算すると富士山をはるかに凌ぐ日本一の高さであったと予測されている。それほどの大爆発があったことが分かっているのだ。

日本は約１００年もの間、大噴火と呼ばれる噴火は起きていない。地震学者によると「最近の観測で分かったことは、火山下でマグマは供給され続けるために、噴火してからの時間が長ければ長いほど大きな噴火になる可能性が大きい」ということである。

桜島直下では、マグマの量があの大正噴火の90％まで溜まってしまっている状態だという。そのため、大規模噴火になると、大正噴火並みの大噴火になる可能性がある。さらにそれに留まらず、カルデラ噴火に繋がったならその被害は想像を超える。国内では１９１４年の桜島による大正噴火以降、大規模な噴火は約１００年起きていない。富士山も約３００年前の宝永の噴火（１７０７年）が最後だ。桜島、富士山は同様にマグマのエネルギーが時の経過とともにしっかりと溜まっている状態である。

巨大地震と火山噴火とは相関するか？

過去の巨大地震から4年以内に大噴火がある確率は何と100％

「巨大地震」と「火山の噴火」の関係で気になる情報を見つけたので、ここに一部紹介する。

『巨大地震と火山の噴火に密接な関係があることは、世界の地震学者や火山学者の共通認識となっている。地震学者の島村英紀・武蔵野学院大学特任教授が言う。

「1950年以降、M9クラスの地震は世界で7回起きている。そのうち6つの地震では4年以内に近隣の複数の火山が噴火しました。この〝4年〟という節目が研究者の間で話題になっています」。

具体的に見てみよう。1952年11月4日のカムチャツカ地震（M9・0）では、翌5日にカルピンスキ山が大噴火を起こし、その後、周辺の2つの火山がたて続けに噴火。2年後の1954年8月にも1つの火山が噴火し、さらに1955年10月には、それまで1000年近く活動がなかったベズイミアニ山が大噴火を起こし、噴火活動は1957年

3月まで続いた。
1957年3月のアリューシャン地震（M9・1）では、ヴィゼヴェドフ山が2日後に、オクモク山が1年半後に噴火した。

続く1960年5月のチリ地震（M9・5）、1964年3月のアラスカ地震（M9・2）、2004年12月のスマトラ地震（M9・1）、2010年2月のチリ中部地震（M8・8）でも、同様に4年以内に周辺の火山が噴火した。過去には6回中6回、100％の確率で「巨大地震後の大噴火」が起きている。

今のところ唯一の例外が東日本大震災なのである。震災後の噴火としては2014年9月、63人の死者・行方不明者を出した御嶽山が挙げられるが、高橋学・立命館大学歴史都市防災研究所教授は「これはカウントすべきではない」という。

「御嶽山の噴火は、紅葉のハイシーズンでしかも土曜日の昼間にあたり、観光客が多かったせいで被害が大きくなったが、噴火の規模は小さく、『VEI2』の水蒸気爆発にすぎない」。

VEI（火山爆発指数）とは噴火の規模を示す国際的な指標で、噴火活動による噴出物の量によって0～8までレベル分けされ、数字が大きいほど噴出量が多いことを示す。

VEI2だった御嶽山の噴火は東日本大震災に連動したものとしては小さすぎるというの

だ。過去の6つの巨大地震では、VEI3~5の噴火が起きている。仮に御嶽山を震災後の関連噴火の一つと数えても、まだ数が足りない。過去6つの巨大地震では4年以内に2~5つの火山が噴火しているからだ。

「今、最も心配されているのが、火山噴火です。太平洋プレートが北米プレートの下に潜り込むと、地下深部でプレートが原料になってマグマが作られ、大きな火山噴火を引き起こす。東日本大震災によって太平洋プレートと北米プレートのくっついていた部分が剥がれたため、1年間に30~40センチも動くようになった。それだけマグマが溜まりやすくなっていて、北海道、東北、関東など東日本の火山は軒並み噴火準備段階に入っている」(前出・高橋氏)。

しかも、日本の火山のマグマは「粘性が高く、いったん噴火すると被害が大きくなる」(前出・島村氏)という特徴がある。2010年のチリ中部地震では、地震から丸5年たった2015年3月1日にビジャリカ山が噴火したばかりだ。東日本大震災から4年が過ぎたからといって、決して安心はできない。』と書かれていた。

東日本大震災が起きたのは2011年3月11日。今は2015年8月。4年5ヵ月経過している。M9クラスの地震が発生して、4年以内に100%起きている大規模噴火の定説からしても、クリアランスと言ってよい。実際、ここ数年、日本列島は全国各地同時多発的に火山活動が活発化しているのは周知の事実。しかも過去平均して４〜５ヶ所も火山が噴くというのだから、それが「桜島」「箱根」「富士山」「浅間山」と順次か、同時か、噴火しても決して異常事態ではないということなのだ。

桜島の大噴火でも大参事になる

もう一度、桜島噴火に戻る。桜島二俣港で火山ガスの気泡が海底より浮かび上がっているという異変が報道されたが、事はもっと深刻化している。というのも、今度は桜島から遠く離れた錦江湾北部の姶良地区沿岸でも同じように火山ガスの噴出と思われる気泡が確認されたというのだ。同じく地域住民は「こんな現象をかつて見たことがない」と証言している。これは大変なことだ！

というのも、桜島周辺沿岸部で確認された気泡とは意味が異なるからだ。桜島から遠い姶良地区でのそれは、姶良カルデラ全体が動き出したことを意味するかもしれない。つまり、桜島大規模噴火に留まらず、最も恐れていた「姶良カルデラ大噴火」に昇華していっているのかもしれないのである。

前回解説した通り、桜島から姶良まで、直径約20㎞もの広大な火口が広がるのが「姶良カルデラ」である。つまり、桜島の火口というのは、阿蘇カルデラの中岳と似たような位置づけということで、巨大カルデラ火口の全体の中のほんの一部であるということ。7000年前、姶良カルデラ噴火の大爆発でカルデラが出来、通常の淡水のカルデラ湖を形成するのではなく、姶良カルデラの場合は海水が浸入し、錦江湾の一部となってしまい、海底火山として海中に眠っているのである。姶良南部沿岸は丁度その「姶良カルデラ」の範囲。そこで、桜島二俣港同様の気泡放出という異変が起きているということは、桜島噴火という、桜島単体の局地的な噴火にとどまらない事態になるということを示唆している。

おそらくこういうことだ。桜島の直下にはマグマ溜まりがある。それが地上に噴出しようとして、山体膨張を起こしている。その体積は100年前の大正噴火の時の90％まで達していることが分かっている。しかし桜島直下のマグマ溜まりでは、姶良沿岸の気泡は説明がつかない。この気泡は桜島直下のマグマ溜まりから湧出する火山ガスではなく、さらにその下部に位置する広大な、姶良カルデラ火口のマグマ溜まりの方から、湧出している火山ガ

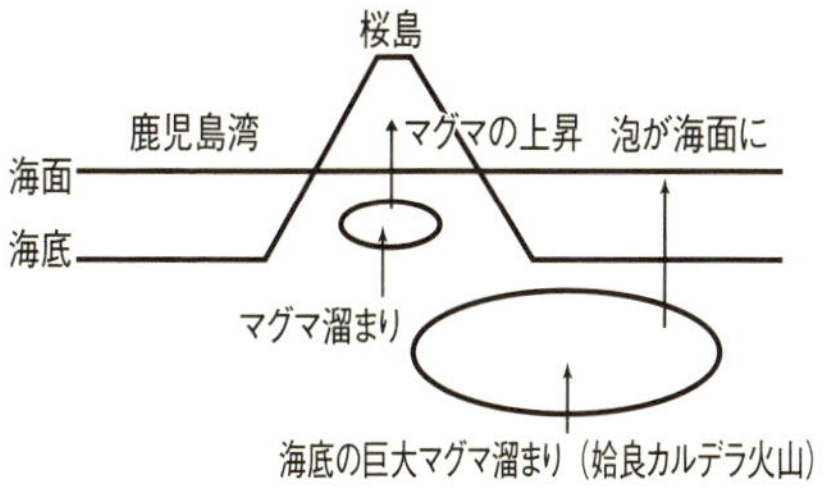

スと見れば、説明がつく。より大きなカルデラ火口の火山活動の活発化を暗示しているということが言える。だから「大変なことだ」と言っているのだ。

「あんた大げさやなー」と言うかもしれないが、単なる取り越し苦労ではなく、危機管理の要諦は「悲観的に準備し楽観的に行動せよ」なので、「カルデラ噴火」という最悪の事態に備えながら各自治体は準備したほうがいい。

マスメディアも事態の分析ができていないし、そもそも「姶良カルデラ」の基礎知識に欠けているので、報道姿勢が弱いことが知っている者にとっては気になる。願わくは、今となったら妙な言い方だが「桜島噴火」で留まって欲しい。「姶良カルデラ破局噴火」に発展しないことを切に望む次第だ。

高度情報化社会となって都市部での火山噴火による被害を経験していない日本。では現代に同規模の噴火が起きたらどうなるかは未知数であるが、桜島は１００年前に大噴火しているので、その時の被害状況を調査し、その被害規模を現代に置き直したらどうなるかを考えれば、ある程度察しがつくはずである。

１００年前の桜島の大正噴火を調べてみると、噴火に伴う地震で58人の方が亡くなっている。鹿児島市内では、実に70㎝から80㎝の灰が積もっていた。桜島に至っては１ｍだ。木造住宅なら50㎝も灰が積もったら、１㎡あたり５００kgの荷重が加わり、倒壊の被害は免れないというのに。ハーレーの車重は約350kgなので、屋根に等しく鉄の塊のハーレーを並べる以上の重みが加われば、とても木造住宅はもたないことだろう。雨が降れば水分を含んだ灰はさらに重量が増す。

それだけではない。桜島大噴火は決して鹿児島県に限定した被災にはなっていない。100年前の大正噴火でも、偏西風に乗って、日本全国に灰をまき散らし全国各地に被害をもたらしている。しかし、当時は高度情報化社会ではなく、もっと素朴な世の中であったので、今、爆発したら当時の被害の比ではないことだろう。特に決定的にインフラに大打撃を与える。それだけの危機を創出するパワーを現代の桜島噴火は秘めている。

このように、姶良カルデラ噴火にまで発展することがなくとも、現代社会での都市部での噴火の被害は相当なものになることは間違いない。

災害への準備を決して怠るな！

大衆は「危機管理」が苦手である。のど元過ぎれば過去の悲惨な歴史は忘れるし、起きていない未来のために「今」動くことをしない習性がある。鹿児島の人でさえ、灰対策のゴーグルとマスクを常備している家庭が何パーセントあるのだろうか。人は自分だけは死なないと思って生きている。どうのこうの騒いでいるが、今回も大丈夫と思って平穏な生活を送っている。楽観バイアスが人々を支配している。だからこそ、どこかで誰かが、起きてもいない未来のために、警鐘を鳴らしたり、汗を流していて警告を発し続けて情報を届けていないと被害は拡大する。

何度も津波が襲った過去があっても、三陸海岸の海岸べりに集落はあった。そして数多くの人々が被災し尊い人命は失われた。

「その時は神の御心として運命に従う」と泰然自若とした不動心が出来上がっている人は少ないことだろう。

「サバイバル」のための準備を怠ってはならない。日常性のなかに、しっかりと非日常性をもって生きていかねばならないのが、今の時代であるということだ。

危機管理の要諦は第一に、第一波の災害を耐えることができる装備を用意し身を護ること。第二に、救助が来るまで「3日～7日」自力で耐えることができる「食糧」「水」「医療品」「生活必需品」を備蓄しておくこと。筆者は阪神大震災以来、20年間、その時のための準備を放棄したことは一度もない。危機管理の任務に従事していた時があったので、一般人よりその感覚が研ぎ澄まされているのだろう。

防災関連の書籍を買い求め、何を準備しておかなければならないかを研究し、できうるならば、家庭と職場と自家用車の三ヶ所に防災リュックサックを常備し、備蓄品の品質管理を定期的に行うことを最後におすすめする次第である。来るものは来る。その時にうろたえないことだ。

鬼怒川の氾濫が意味すること

鬼怒川は絹川だった

東日本の大洪水で鬼怒川が氾濫し大変な災害になった。宗教的心理から言えば、人間は所詮自然の猛威に勝てない。いかに近代の唯物論的科学の力をもって予防しても、神の怒りを抑えることはできないという思いに落ち着く。

鬼怒川が氾濫したのは、現代のような科学万能の唯物思考の時代だけではない。もっと古い時代も幾度となく氾濫している。それも現在のような唯物論の時代ではなく、当時の人々はしっかりとした信仰を持っていた。それでも起きたのは、国の指導者たちの何らかの神の怒りに触れる間違ったご政導があったのだろう。そのように解釈していた。

もともと鬼怒川は「絹川」と呼ばれていた。大きな氾濫が起こり、多くの命が失われたことから、「鬼の怒り」だとして「鬼怒川」に呼び名が変わったのだ。ここで言う「鬼」は、おそらく「神」であろう。昔の日本人は自然災害と神と為政者を結び付けて考えていたことの証左である。自然災害を天のメッセージとして謙虚に受け止めていた。

現代人のほうが、縄文時代の日本人より、平安時代の日本人より賢くなっていると勝手に思っているようだが、退化している面も随分あると思う。昔の人がすぐ分かったことを「迷信」と一蹴し、迷路に入ってしまうことがよくある。現代日本人は科学万能を信じ込み傲慢になっている。人類の最先端科学など宇宙の永遠普遍の真理からすると、ほんのわずかなことを「知る」ことができたに過ぎないというのに。

「今回の災害には自治体の不手際があったように思う。戦後は東側の小貝川が氾濫することはあっても、西側の鬼怒川が氾濫する事はなかった。従って、鬼怒川の氾濫は、住民にはその記憶はない。そのため住民も自治体も大混乱で災害が拡大したのも原因の一つと思う」。と、国際エコノミスト長谷川慶太郎氏も言っている。

「問題は、自治体同士の連携がなかったことが挙げられる。隣接する栃木県に『大雨警報』が出ても、茨城県は『まだ大丈夫だろう』とタカをくっていた。自治体も住民も危機感はなかった。これは自治体と自治体の間に国境があるみたいで、全く連携していなかった証拠でもある。また川の自然堤防になっているところを削り、太陽光発電の設置を民間企業者に許した自治体にも責任はある」

「これらの不手際に、国の行政に問題があるようにも思える。ここが一番の問題だ。これほど災害の多い国でありながら、災害（洪水時）の避難指示等は各市町村が独自でやっている。情報の連絡や連携もない。洪水だけではない火山噴火においても、噴火レベルを決定するのは民間の科学者や専門家に任されているだけだ。だから自分たちの責任に触れないレベルで公表している」

非常事態法がない異常な日本

「だが一番の問題は、日本の国には「非常事態法」がないことにある。これは安全保障関連法に問題がある。今回の安全保障関連法は、国防に関わる集団的自衛権のみであって、災害による「非常事態法」は含まれていない。他国では「非常事態法」のない国は全くなく、全ての国にある。ないのは日本だけである」。このように厳しく指摘されている。

外国では、ある地域に非常事態法が発令されると、一時的に全ての権限が内閣総理大臣に移される。そして、首相が知事や市町村長に対して、指示ができるようになっている。非常事態法に基づいて、戒厳令を発したり、夜間外出禁止令を出したりするのである。日本なら国土交通省や警察、消防、さらに自衛隊から担当官が集められ、自治体の境を越えて、広い地域に対して、直接、国が指示や命令を出すことができる。従って、鬼怒川の氾濫のような、二つの県にまたがる洪水に対して、迅速な緊急対策が可能になる。

この度も気象庁が「歴史にもない記録的豪雨が来る」と警告していたにも拘らず、日本にはそれに対応する法制度も、体制もなかった。これは、昭和の憲法の大きな欠陥でもある。たとえ憲法になくとも、独自の立法で可能なはずだ。だが、それに気づいていない。一刻も早く作るべきと思う。

国防に対する危機感のなさと、自然災害に対する危機管理能力の欠如というのは、コインの裏表で、平和ボケ日本がここにも蔓延しているように思う。世界一と言っていいほどの、自然災害の多い日本なのに、今の憲法では「非常事態宣言」という強権を発令することさえできない。非常時には国民の権利を制限した上で、国の権限を強化して、国家主導型で動くことが求められる。何故かといえば、「迅速さ」が求められるからである。

ついでに述べておくと、日本では軍法会議ができない。つまり、自衛隊は軍隊ではないという前提に立っているので独自の司法権が存在しない。軍隊には軍人に対して司法権を行使する軍隊内の機関があるのが普通だが、自衛隊員内の不祥事も一般の刑事事件として扱われる。本来、軍隊は任務の性質上、超法規的な立場にある自己完結型の組織なのだが、そうはなっていない。その結果、道路交通法も一般車同様、有事の際に守らないといけないことになっている。つまり、敵が浸入してきて、それを抑止する軍事活動のなかで、信号無視をしたら、道交法で裁かれてしまうのである。

非常事態の災害の時も有事の時も、緊急を要するという性質は同じなので「非常事態宣言」を発令し、超法規的な対処ができないと動くことができないのだ。

他国と比較してみよう。

パリ同時多発テロ事件が勃発した際、オランド大統領は即刻「非常事態宣言」を発令し、対テロ作戦を遂行した。

緊急事態に対応するため、一時的に国の権限を強化し国民の権利を制限する『国家緊急権』が、憲法や法律に設けられているために可能だが、我が国の憲法には同様の規定は存在せず、『テロとの戦い』の欠陥となっている」。と産経新聞も論評している。

このときフランス政府は、非常事態宣言に基づき「国境封鎖」「夜間外出禁止」「集会の禁止」「治安当局の令状なしの家宅捜査」などを行っている。さらにパリ同時多発テロ事件勃発三日後には、閣議決定して「非常事態宣言」を三カ月延長することを決定すると共に、この三カ月の期間内に大統領権限を強化する憲法改正をすることも発表した。このようにフランス政府は戦時体制に即移行したのだ。

これが普通の国家であるが、日本ではこの処置は全てできない。今のうちに、法整備を急がないと「その時」に迅速に動けない。地震や津波や火山噴火も怖いが、災害時に弱い、法体系のほうも怖い。阪神淡路大震災の時も、初動期に迅速な救出活動ができれば、数多くの人を救うことができた、と言われている。

個人情報保護法も邪魔をする

さらに不思議に思えたのは、行方不明者が15人もいるのに探せなかったことだ。一般には、行方不明は亡くなったと判断する。しかし、今回は、4、5日経って無事であることが分かった。何故なら、どこの誰であるかを公表せず、自己の携帯電話のみを頼りに捜索を行う。このような災害では電気は不通になり、携帯機能はほとんど使えなくなる。それが分っていながら対応できなかった。これにも問題がある。

携帯が災害時には不通になるのは阪神淡路大震災でも東日本大震災でも経験済みなのに、過去の教訓を生かすことができていない。それは「個人情報保護法」のしばりがあるからだ。

市町村もマスコミも、被災者の氏名の公表は禁止されている。だから、御嶽山の噴火でも、東日本大震災の津波でも、行方不明者の氏名は全く公表されていない。出しているのは数だけである。このような非常事態に個人の人権もへったくれもないはずなのにだ。何処の避難所に誰がいると分っていても、自治体もマスコミも出せない。このような国のあり方は間違っている。

名前が公表されていたら、誰と誰がどこにいるといった情報も入ってくる。氏名を特定できないから、自治体も正確な数の把握は、極めて困難になる。結局、個人で「私はここにいる」と張り紙でもしない限り分からない。一刻も早く非常事態法で被災地に対して、個人情報保護法の禁止を解除すべきである。

お盆に、御巣鷹山に墜落した「日航機墜落事故」の特集をある番組でやっていたが、当時は「個人情報保護法」など成立していなかったので、生存者の実名をテレビでタイムリーに発表していた。遺族は肉親の安否を気遣い、かたずをのんで聞いていた。テレビの前で食い入るように見ていた。あれが正しい。今の報道方法は進化したのではなく、ただ、ただ、退化してしまっているのだ。

昨今の日本は神に見放された如く、或は日本人に対する警告の如く、自然災害が日常化しているが、今後も「個人情報保護法」なる人権法を優先し、有事や災害時も今のような報道姿勢を貫くなら、混乱は増すばかりだ。そもそも、このような忌まわしい法律など廃止にしたほうがいい。開けた社会を閉じた社会に追い込んだ悪法である。

もう一度言う。

個人情報保護法なるものを制定する社会が閉じた社会であり、その反対が開けた社会なのである。勘違いしてはいけない。百歩譲って廃止にできなくとも、緊急事態の時は限定解除できるようにするべきだ。それが、日本人、マスコミ、左翼、法曹界、大好きな「人権」を護ることになる。

神なき時代は高くつく

最後に、何故「鬼怒川」が氾濫し甚大なる被害が起きたのか、それを述べて結びの言葉とする。その日、日本中全ての新聞の見出しの第一面に「鬼怒川」という文字が躍った。冒頭で述べたように、「鬼」とは「神」のことである。つまり、鬼怒川の氾濫を通じて、神が怒っていることを伝えようとしたのではないのか。よって大洪水になるのは、淀川でも大井川でも鴨川でも隅田川でもなく、「鬼怒川」でなければいけなかったのではないのか。筆者は今回の「鬼怒川」の氾濫に「天意」を感じる次第である。

東日本大震災があり、西之島の海底火山が噴火し、広島の豪雨による大災害をはじめ日本全国で洪水が相次ぎ、巨大台風の日本列島直撃が急増し、御嶽山が噴火し、箱根山の噴火が警戒され、富士山噴火の危機が報道され、口永良部島が噴火し、安倍談話の翌日に桜島が噴火し、続いて阿蘇山が噴火し、鬼怒川が氾濫し、チリの地震による津波が来ても、もし何の天意を感じることなく「最近、自然災害多いね！」と寝ぼけたことを言っているようなら、まだまだ「自然災害」は続くことになるだろう。

自然災害が起きたら、単なる自然現象として捉えるのではなく、そこに「天意」を汲み取る目を持つことを、現代の日本人は迫られている。しかしそれは、とりもなおさず昔の日本人は普通に感じていた能力であり、特殊な能力でもなかった。

地上では戦後の総決算として「安倍談話」を出したのだろうが、日本の神々も高天原より、自然災害を通じて戦後の総決算を伝えている。神々は黙ってはいない。黙って見ているだけではない。明確に、その意思を伝えようとしているように思える。決して今だけではない、ずっとしてきたことだ。

それは今、日本の方向性を変えねば、大変な国難が襲来するということを、災害を通じてすべての日本人に警告していると見るべきであろう。あえてその「国難」の正体は言うまい。今まで男塾で散々言ってきたことだから。

ここまでやらして、それでまだ、お前たちは「わ・か・ら・ぬ・の・か」と、天から啓示が降りているのだ。

2章

内憂を克服するための講座

一般会計と特別会計に潜む歳入の闇を暴く

国家予算の闇を炙り出す

国家予算について国民は本当のことを知らないし、政治家や官僚は国民に不必要なことは教えない。巨額の借金があることは大きな声で叫ぶが、巨額の資産があることは伏せる。「財政赤字だから増税が必要」「社会福祉を充実するためには財源がない、増税をお願いします」と、政治家や官僚はのたまうが、その中には大嘘が隠されているのだ。

一般会計と特別会計に分けたことにより、会計の中の「歳入」の本当の金額がベールに包まれ、誰も分からなくなっている。予算編成権を握っている財務省官僚は増税をすれば勝ち、という伝統的慣習に縛られ増税派、財政再建派が主流に座り、常に「増税」を模索し実際に増税をしているのだが、不必要な増税をして逆に不景気を創り出し、結果として税収を下げることをしてきたし、今もしている。ただ無明であるがゆえに、そのようなことが繰り返し行われてきたが、結論から言うと増税する必要性はない。そのカラクリを白日の下にさらし、税金の真実を探求していく。

日本国の財布は、「一般会計」と「特別会計」になっているとニュースで耳にしたことがあっても、実は詳しくは分からない。「一般会計」は、法律上の定義では「特別会計に属さない全ての会計」ということになるが、これだけの説明では、専門家以外には少々分かりづらい。もう少し具体的に表現すると、「一般的な行政にかかる経費を扱うもの」ということができる。つまり、公共投資や社会保険給付費用など、通常の行政事業の範囲で毎年必要となるような経理のことだ。歳入としては、所得税や消費税などの税金がこれに当たる。これらの予算は、議会で用途が決定される。

「特別会計」も法律上の定義から見ると「特定の事業を行う場合」に「一般の歳入歳出と区分して経理する必要がある」経理のことだと説明されている。いちばんのポイントは、一般会計から切り離して独立して行われる経理だという点である。

本来、国や地方公共団体の会計は単一の会計で処理することが原則となっているが、家計や企業の経理とは違って、国や地方公共団体では扱う事業の規模も金額も、とてつもなく莫大で複雑」である。そこで、お金の流れを明確にして管理しやすくするために、特定事業については個別の会計が認められているというわけだ。

では、一般会計から説明する。

（1）一般会計

国や地方自治体の予算は、税金だけでやっていくのが基本である。これが一般会計、よくテレビで年度末に新年度予算審議として各党の議員が議論しているところを中継しているのが、あれだ。一般会計のほとんどは、実際に消費する年内予算である。それに対し、後述の「特別会計」には年内に消費しない予算も含まれている。

手元に2010年の資料があるので、それを題材に話を進めていく。

①一般会計の内容

2010年度の一般会計予算・・・計92兆2992億円　（※直近の2015年度予算は96兆円）

税収・・・・37兆3960億円・・・・(前年度比較　△18・9％)

税外収入・・・10兆6002億円

国債発行・・・44兆3030億円

この一般会計の歳出は、主に「社会保障費」「防衛費」「教育費」に充てられる。2010年度に即してみると、次の通りである。

一般算出・・53兆４５４２億円
社会保障費・27兆２６８６億円
公共事業・・　５兆７７３１億円
教育費（文教科学振興費）５兆５８６０億円（子供手当・約１兆７０００億円含まず）
防衛費・４兆７９０３億円

その他に、恩給費・経済協力費・中小企業対策費・エネルギー対策費・食料安定供給費等々がある。

「福祉関係」だけを見ると、16兆２０００億で全体の16％、医療費が31兆円で全体の30％。そして、年金51兆５０００億で全体の52％を占める合計98兆７０００億円となる。これらのほとんどは、実消費（労働者の雇用や物品の購入・また建設等）を伴なう。

「財源は」どうなっているか、

この98兆円の中の地方負担（地方交付税）が約17兆６０００億円。国庫負担（国税）が20兆５０００億円で、保険料が約56兆８０００億円である。この福祉、医療、年金だけで年間予算の92兆円を大きく超えて98兆７０００億円となる。

「防衛費予算」が年間約４兆７９０３億円ほどあるが、これには24万人の自衛隊員に支払われる給与や装備の購入費、及び基地対策費等が含まれている。これは全体の５・２％で、他国と比べれば異常なほど低い予算だ。

「教育費」は、文部科学費、教員に支払われる給与、学校の建設費等である。その他物品等の購入費用も含まれる。これが約５兆５８６０億円だが、当時政権与党であった民主党の子供手当のバラマキという愚策を加えると、一気に１兆７０００億円あまり増加する。


これら98兆円の予算だが、当時の予算は、東日本大震災の復興財源として12兆円を政府が決定した。それによって、２０１２年度の一般予算は１１０兆円と、かつてない大予算となる。それを増税で賄おうとした。震災復興税から始まり、企業にはありとあらゆる増税のオンパレードとなった。

② 「特別会計」とは…まるで詐欺行為
各省庁ごとに独立して予算を確保している特別会計は、各省庁ごとに、独自に国民から直接撤収したり、手数料として取ったり、○○税として撤収したりさまざまだが、要する

に、各省庁単位の財布が別にあるということである。

一般家庭に喩えると、一般会計は大黒柱のお父さんの収入、特別会計は奥さんのパート収入、息子、娘のアルバイト料、さらには株の配当、預金の金利、家賃収入などに当たる。中心の働き手のお父さん以外にも収入があり、財布も別々にあるわけだ。一般家庭ではそのトータルが収入なのだが、国では〝お父さんの収入〟を一般会計の「歳入」として扱い、トータルの歳入が表に出ないようになっているのだ。しかも、〝お父さんの収入〟より、〝家族の収入〟の方が4倍もあるという、とんでもない〝いびつな家計〟になっているのだ。

「特別会計」内容とは…（これ以下の数字は少し古いかも知れないが）。

「特別会計」とは、「厚生保険」特別会計・「道路整備」特別会計・「国有林野」特別会計等々を始め、実に31特別会計からなっている（２００６年度では31特別会計が２０１５年度には減っているかも知れない）

「特別会計の規模」だが、一般会計の予算が２０１０年度では92兆円であるのに対して、31特別会計の規模は一般会計の実に約4倍とも言われている。しかし、これは正確には分からないことになっている。仮に4倍だとすると、３８４兆円で約４００兆円である（今は５００兆円に増えているとも言われている）。この特別会計の４００兆円は実消費をしているわけではない。大半は実消費を伴わない単なる数字である。これらの特別会計の歳入はどこから入ってくるのか、これが一般にはなかなか見えない。

税収を根拠にするのが一般会計だが、「特別会計」は税金以外の歳入と思えば分かりやすいと思う。例えば税金以外の歳入としては「厚生保険」特別会計というのがある。国民年金、厚生保険、労働者保険等の年金加入者からの保険料が税金以外の収入である。これだけでも48兆ある。

ちなみに、数年前、民主党の〝ミスター年金〟こと長妻議員が追及した政府の年金使い込み問題があったが、自民党政府は国民から徴収した年金を「税金」のごとく勝手に使い込んでしまい、年金支給財源がなくなってしまっているわけだ。一般会計からは見えてこない、特別会計というところで勝手なことがやり放題だったのである。いや、今も現在進行形で不正が行われているはずだ。国民からの死角をつく暴挙と言ってよいだろう。年金破たん問題は国家詐欺そのものである。

それ以外にも特許料や審査料、これらも税金以外からの収入である。地震保険もある。また、有料道路の料金もある。これは田中角栄が議員立法した道路三法と言われ有名だが、日本列島改造構想のなか、高速道路を早急に日本中に張り巡らすために財源をガソリン税や高速代金に求めたものだが、いまだに残っているわけである。

31項目の特別会計は、同時に31の法律に基づいて設置されている。分類すると、次のABCの三つのパターンになる。

Aは、国が特定の事業を行う場合である。これを「公益事業」と言うが、具体的には、「厚生保険」特別会計、「道路整備」特別会計、「地震保険」特別会計等々の25特別会計がある。

Bは、特定の資金を有して、その運用を行う場合である。これを2「特別会計」と呼んでいる。一つは「財政融資資金」特別会計、もう一つは「外国為替資金」特別会計である。

Cは、「地方交付税」及び「譲与税配布金」。これは、地方で集めた税収を一旦国が回収するという特別会計のことである。

さらに、「電源開発促進対策」事業。東電の原発もそうである。こうした三種類に分けた特別会計である。それ以外にも一般会計と特別会計の関係も実に複雑で説明しにくいところがある。

例えば、一般会計から特別会計への繰り入れや、その逆の特別会計から一般会計の繰り入れもあるし、また特別会計から他の特別会計への繰り入れもあり、総合的に複雑な仕組みになっている。いや、わからないようにするために意図的に複雑にしていると言ってよいだろう。

「特別会計の財源は」

では、これらの特別会計の財源はどうなっているのか？　こうした特別会計の中には、特定の歳入で特定の歳出に充てているものとして「道路整備」有料道路や橋の通行料の収入、揮発油税や石油ガス税がある。また、「電源開発促進対策」特別会計における「電源開発促進税」これは電気料金に上乗せされている税金や、自動車重量税等である。

これらの地方交付税交付金と地方道路税・自動車重量税等の予算額は巨大で、２００５年度で全部合わせると70兆円あったが、トータルすると４００兆円を超える。特別会計といっても、これらの歳入あっての歳出なのである。

③特別会計の使い道31項目の「予算の使い道」

この特別会計の予算は、どのようなところに使われているのか。ただし、この特別会計は、一般会計のように年度内に全て歳出するものではない。例えば、保険関係を例に挙げると、歳入は被保険者からの歳入でできるが、歳出は何か特別な事故や災害がない限り保険料としては支払わないのだから、当然残ってくる。この残った金が問題なのだ。お分かりだろうか？

「公共事業関係」が５つの特別会計
①　道路整備（３・９兆円）、それ以外に、②治水関係（１・３兆円）、③港湾整備、④空港整備、⑤都市開発資金融資等がある。
「社会保険事業関係」が４つの特別会計
①厚生保険、②国民年金、③船員保険、④労働保険、これら約85兆円とも言われている。確ではないが、いつも赤字・赤字と言っているのだが…。
「その他保険事業関係」が５つの特別会計
①農業共済保険、②漁船保険及び漁業共済保険、③地震再保険、④森林保険、⑤貿易再保険といった特別会計がこの中に含まれている。
「農林水産関係」が４つの特別会計
①　国有林野事業、②国営土地改良事業、③食糧管理関係事業（３・３兆円）、④農業経営

基盤強化事業等々である。

「行政的事業関係」が6つの特別会計

①自動車障害保障事業、②自動車検査登録、③特許関係、④国立高度専門医療センター関係、⑤登記関係、⑥特定国有財産整備である。

「エネルギー関係」が2つの特別会計

①電源開発促進対策、②石油およびエネルギー需給構造化対策関係（2・4兆円）。

「融資事業・資金運用・整備区間関係」が5つの特別会計

①産業投資、②財政融資資金、③国債整理基金、④外国為替資金、⑤交付税および譲与税配布金（70兆円）、特に国債整理基金は国債の償還や借換。2005年では95兆円もあった。これら全体を合わせると262兆円である。

特に交付税及び譲与税配付金特別会計は、昭和29年制定の交付税及び譲与税配付金特別会計法に基づいて設けられた特別会計である。これは一般会計に於ける地方交付金と、地方道路・自動車重量税等、地方に代わって国が徴収した地方譲与税を歳入とし、地方自治体への配付を歳出としている。これもいわば素通り会計である。

「各省庁の天下り費」

しかし、これらも全体の3分の2にしかならない。400兆円あまりの予算から見れば、その他3分の1以上の予算はどこに使われているのか？　それが俗に言う、各省庁の役人の給与やボーナス。天下り費や天下りのための、訳の分らない新しい国営施設、いわゆる行先である。こういうところに使われているわけだ。これが全く経理からは見えてこず、その見えない部分に不正がはびこる。これは世の常である。

そして、外国に対しての「円借款」。世界180ケ国に融資援助している額・融資援助金の返済金や利払いの額など、俗に言う「埋蔵金」である。これらも見えない。見えないからこそ、「埋蔵金」なのだ。しかし、巨額であることは間違いない。

「特別会計の問題点」①　名前を変えよ！

特別会計制度を上手く利用して自分の省庁だけが仕える予算にしようと、特別会計が乱立し、無駄遣いや他省庁との重複などの不合理を起こしている。そこを解決すれば税金だけで足りない支出を、国債発行で補わなくても財政赤字などなくなるのだ。なのに、いつも「赤字」「赤字」といっている。ならば、公益事業の名前を「赤字事業」と改めるべきだ。

「特別会計の問題点」② 財務省が各省庁と協議して予算配分する闇

これらの特別予算は政府が決めるのでなく、財務省と各省庁の間のトップ同士であらかじめ決めて政府に提出している。まあ、このように各省庁のトップ同士で、予算の獲得の戦略を練られているもので、政府でもなかなか分かりにくい部分なのだ。

でも、各省庁には各大臣がいるではないかと、誰もが思う。しかし、日本の現在の議員内閣制である限り、政権交代や大臣の入れ替え等々が激しく、平均1年9カ月で、各閣僚もどんどん入れ替わる。よって官僚としても、完全に協力的にはなれないところがある。特に当時の民主党政権のように、官僚を敵視している状態では絶対に協力的にはなってくれない。

こうした特別会計の問題は、なにも最近になって急に発生したわけではない。ただ、昔は経済成長に支えられて国の財政が豊かだったために、問題視されず見逃されてきた側面がある。ところが、１９９０年代以降、景気が悪化の一途を辿るようになってからは、そうも言っていられない状況になってきたのだ。

２０１4年現在、日本の歳入の約半分が国債発行による収入で賄われているが、歳入よりも歳出のほうが大きい状態が続いている。つまり、年々借金が膨らんでいるということだ。借金は実に１０００兆円にまで達している。こうした状況でありながら税金の無駄遣いが続いているため、特別会計への批判が集まるようになってきたという背景があるわけだ。

しかし、それでも財務省は、霞が関の官庁のなかでも突き出した権力を今も握っている。ではなぜ、財務省は「省庁のなかの省庁」と呼ばれ、霞が関の象徴になっているのか。

財務省パワーの源泉の一つが予算編成権だ。予算編成は言い換えると国民から集めた税金など国家の収入を再配分する権能で、ある意味では国家の存在意義そのものである。各省庁は財務省に概算要求をして、予算をつけて貰うシステムになっている。

予算に関しては、国会で承認を得て成立する決まりになっているので、政府案をまとめる大詰めの段階では、財務大臣と各省庁の大臣折衝など政治が深く関与する。とはいえ、膨大な数がある予算の細目を短期間で政治が一つ一つチェックするのは実際には難しいので、実質的には予算の差配は財務省に委ねられている。

例えば、家庭でも会計を預かる人、財布のひもを握る奥さんが、ことお金に関してはどうしても権限が強くなる。それと同様に、財務省に予算をつけてもらわないと、公益法人一つ作れないので、他省庁は自然と財務省の顔色をうかがうようになる。

そのうえ、財務省は与野党を問わず広く太いパイプを持っていて、自民党の事務局職員にまでがっちり食い込んでいる。そのため、力関係も明らかに財務省が上となる。一部の大物議員を除き、地元や支持団体に予算をつけて欲しい議員は、わざわざ財務省に足を運び、一主計官に頭を下げて陳情していたと、元経済産業省、大臣官房付・古賀茂明氏は、自著「日本中核の崩壊」で語っている。

「バランスシート（帳簿）会計簿が必要」

だから、私たちの国民に知らされているものは、ほとんど、歳入ではなく歳出の部分だけである。そして、いつも足りない、足りないといって、税金を上げる口実にしているのだ。しかし、今まで述べてきたように税金の全てを社会保障、年金や国民保険に使っているわけではない。なのに、税収が少ないため、年金や国民保険の財源が足りないから税金を上げると、いつも馬鹿の一つ覚えのように言っているのである。これに騙されてはいけない。

政府は、財政悪化で財政危機だから、財政再建をやらねばならないと、まるでお題目のようにマスコミを巻き込んで訴えているが、ならば、財政がどれだけ悪化しているのか、「国の家計簿」を見せてくれないと話にならない。それもしないで、財政赤字だから増税するというのでは、国民も納得はしない。

ここで、図らずも「国民は納得しない」と述べたが、どこを見ても「財政赤字」と書いてあるので、国民は「仕方がない」と完全に洗脳されているだけである。そもそも、このような複雑な会計の仕組みは、国民の理解を超えている。いや、はっきり言うと、都合が悪いので、あえて分からないように仕組んでいると言っても過言ではない。

従って、先程述べた一般会計と特別会計の違いも知らない議員さんたちが「増税賛成」と言っているのは、おかしな話であるし、許しがたいことである。

憲法第7章の「財政」第91条に「国の財政状況を国会と国民に報告する内閣の義務」がある。内閣は「国会及び国民に対し、定期的に、少なくとも年一回、国の財政状況について、報告しなければならない」と記されている。喩えると、国が上場会社で、国民は株主であり、定期的に株主総会を開催して経営内容を株主である国民にディスクローズする義務が会社側にはあるということである。

にもかかわらず、いわゆる会計報告ができていない。出てこない。一般会計と特別会計を合わせた真実の歳入をオープンにせずに、支出の部分だけ取り出して、足りないから税金を上げるでは、まさしく憲法違反と言わざるを得ない。

世界一税金が高い国とは

日本の税金は高い。どれほど高いかというのは、他国のそれと比較してみればよくわかる。このほど「ABC NEWS POINT」が明らかにした「２０１５年　世界で最も税金が高い国ベスト10」で、日本は嬉しいことに世界第二位に輝いた。「法人税、給与税（源泉所得税）、個人所得税、売上税（消費税）」といった四種類を基準にランキングをつけたということだ。

一位は何処かというと、意外なことに福祉国家が乱立する北欧諸国ではなかった。「アルバ」というあまり聞いたこともない西インド諸島の南端部、南米ベネズエラの北西沖に位置する島国で、オランダの構成国である。一応は独立国になっているものの、国土の面積がたった１９３㎢の瀬戸内海の小島ぐらいの大きさで、人口がわずか10万３０００人というのだから、比較の対象にならないだろう。

すると、実質的には世界一税金が高い国は「日本」と言ってよい。おめでとうございます。万歳！　万歳！　などと喜んでいる場合ではない。日本はまぎれもなく世界で最も税金が高い国であり、我々はそこに住んでいるのだ。

ちなみに、ベスト10を見てみよう。10位：オーストリア、９位：ベルギー、８位：オランダ、7位：デンマーク、6位：スウェーデン、5位：アイルランド、4位：フィンランド、3位：イギリス、とヨーロッパ勢が続く。

日本の法人税は38％、最小所得税15％、最大所得税50％、給与税は26・63％、消費税8％と、見るだけで過酷な税率を個人にも企業にも課している。しかも、最大所得税は上がり傾向、消費増税も決定事項、社会保障費も当然ながら上がり傾向で、財政難？　日本は増々課税は強化される方向に動いている。これだけ課税して財政赤字なのだから、一言で言えば「経営」が下手と言われても仕方がないだろう。

金持ちの息の根を止める過酷な「相続税」

もう一つ、審査に入らない対象外の徴税項目に注目する必要がある。「相続税、贈与税」だ。世界では二重課税になる相続税0円の国は珍しくも何ともないので、金持ちを根絶やしにする過酷な相続税を対象に入れたら日本の順位は安定的だろう。相続税の破壊力は大変なものだ。皇族に嫁いだ美智子妃殿下の実家の正田家でさえ、家屋敷を売り払わねば相続税を払うことができないほどである。今は何の意味のない公園になってしまっている。

国に物納したようなものだ。民間に対する国家の収奪といってよいだろう。財産保全の自由の侵害と言っていいかもしれまない。

しかし、これはずっと問題視されているにもかかわらず、財政赤字のこの国は相続税軽減や廃止を許さない。いや、むしろ税制大綱で相続税は、あろうことか増税された。

世界で最も税金が高い国の一つと言われているオランダを見ると、法人税25%、最大所得税52%、消費税21%(ただし生鮮食品は6%)である。そのオランダでさえ法人税は25%である。しかも、オランダには相続税はない。

世界一の高税率の根拠を斬る

増税の錦の御旗として「財政赤字だから…」がある。そこで、「増税やむなし」という結論になるのだが、果たして本当なのか。よく国の借金は1000兆円で世界一と言われているが、本当なのか。もし、そうでなかったなら、「増税」の論拠を失うことになる。税金が一番高い国、日本の根拠が巨額の財政赤字? ということであり、その根拠が違えば今の高税率が間違っているという結論になる。その解明のために挑戦しようではないか。

国家や財務省による民衆への財政赤字という「洗脳」があまりにも深いので、誰しもその反対の意見を一回や二回聞いただけでは腑に落ちないものである。今回は一般会計にスポットを当てる。この分野でのエキスパートは、米国イェール大学経済学部の浜田宏一教授に師事し薫陶を受け、現在は勝間和代氏のブレーンとして金融、財務政策のリサーチを行っている上念司氏に学ぶのが最も良いだろう。今回は、上念司氏の著書「日本は破産しない」を使って、日本の真実の財務内容を白日の下に晒したい。

日本の借金1000兆円は単式簿記

日本の借金は「1000兆円」と聞かされれば、誰しも「これはやばい」と思うことだろう。あまりの巨額で、実感もつかめない。ところが、この1000兆円というのは「単式簿記」での数字なのだ。国の帳簿だろうが、株式会社の帳簿だろうが、「複式簿記」で見なければ真実は見えない。単式簿記とは、子供のお小遣い帳のようなもので、日本的にも国際的にも通用しない会計法である。ところが、キーワードである「1000兆円」という借金額は、単式簿記で語られ続けているのだ。ゆえに、その数字は、はっきりいってしまえば「まやかし」であろう。

弊社も尊敬する税理士事務所に会計を見てもらっているが、月一回提出される試算表は当然のように「複式簿記」でできている。もし、単式簿記の書類が届いたなら「先生、冗談ですよね」と、経営者も経理担当も言うだろう。日本中全ての企業は複式簿記で動いており、税務申告も当然その書式になっていないと、再提出になるのは明白なことだ。

一時、石原元都知事が「東京都政の財務内容を複式簿記に基づいて発表する」という「改革」をしていたが、彼は知っていたのである。東京都の借金を天文学的な数字で発表しているのが我慢ならず、都民や国民に真実を知らせようと孤軍奮闘し試みていたのだ。しかし誰もその真意が分かっていなかったようである。

複式簿記のメカニズム

ここで「複式簿記」の仕組みを簡単に説明する。例えば、お金を借りれば借金は増えるが、同時に現金も増えることになる。会計用語でいうと、「負債」も増えるが、「資産」も増加するということだ。従って、銀行から１００万円借り入れたということは１００万円の現金が増えたということであり、会計的表現に置き換えたら「１００万円の負債と同時に１００万円の資産が増えた」ということだ。

これとは反対に、取引の結果と原因の両方ではなく、片方しか記載しない方法が「単式簿記」と呼ばれるものだ。まー、幼稚で子どもじみた簿記方法と言ってよいだろう。

複式簿記では左の資産に１００万円、右の負債に１００万円と記載するが、右の負債だけ見て「この会社は１００万円も借金しているから大変だ〜。倒産するかも」と騒いでいる人がいたら、周りは呆れてしまうだろう。なぜなら、１００万円の借金は１００万円の現金で返済できるので何も問題ないからだ。この複式簿記の考え方を国家財政に当てはめて分析してみたらいいのだ。

簿記の基本１０００兆円の借金には１０００兆円の貸し手

誰かがお金を借りているのであれば、誰かが貸している。誰も貸してくれないのなら、誰も借金することはできない。つまり、１０００兆円の借金ができているということは、誰か１０００兆円貸した人がいるということである。その「誰が貸したか」という報道は一切なく、とにかく1000兆円の借金は大変なことだということになっている。

しかし、この当たり前の原則がマスコミには分かっていない節がある。財務省は会計のプロだから当然理解している。彼等は理解してやっているので確信犯である。ひょっとしたら、権力に対する牽制組織であるべきはずのマスコミが、それを分かっていて、財務省の片棒を担いでいるというのが真実かもしれない。そもそも、お互い記者クラブの仲間同士ではないか。財務官僚にとって都合のいい報道をしないと、情報をくれなくなるので、知ってて知らんぷりかもしれない。ただ、この表現はマスコミへの思いやりだ。実際は勉強不足で、会計の基本が頭に入ってない可能性が高いと思う。

「国の借金」＝「政府の借金」ではない

次に国の借金は政府の借金であり、政府の借金は国民の借金という「見方」の報道が平気でなされているが、これは全く違う。我々が属している自由主義経済圏の資本主義社会では「国」＝「政府」ではない。共産主義圏であればそうかもしれないが。つまり、「国の借金」＝「政府の借金」ではないということだ。まかり間違っても、政府の借金は国民の借金ではない。

それどころか、「誰かが借金をしているということは誰かが貸している」という原理そのままに、政府は誰かから借りて、初めて借金ができているのである。その誰かというのは、95％以上が日本の国民である。

「いや、私は国債は買っていないので、政府に貸した覚えはない」という貴方にお尋ねしたい。「銀行預金はありますか？」と。勤倹貯蓄が習い性の日本人は、まず貯金をしている。その国民の莫大な預金を原資として（国民の金融資産は1700兆円・世界第一位）、金融機関はこぞって日本政府が発行する「国債」を買っているのだ。よって、国民は間接的に、あるいは直接的に政府に金を貸しているのである。

だから、国民は借金をしている側ではなく、貸している側に立っているのだ。政府が債務者であり、国民は債権者である。しかるに、いつのまにかに、国民の借金として報道され、よくわかっていない民衆たちは簡単に「洗脳」されている。また、頭の弱い政治家たちは「借金を孫子の代に残してはいけません」と情熱の限り連呼するものだから、もうこの世のものとは思えない。彼等もおそらく、この簡単なことが理解できていないのだろう。

財務省発表数字に隠された嘘

２０１１年の財務省の発表内容である。「国の財政赤字が２０１１年年度末に６６７兆円まで増え」「我が国を、月収40万円の家計にたとえると、ローン残高６３４８万円になる」。呆れてものも言えない。実に酷いものだが、よくある見解である。しかし、まるっきり違っている。

この喩えでは、月収40万円の家計の貯蓄額や資産が全く「０円」という設定になってしまっている。実に作為的な情報公開と言ってよいだろう。仮に６３４８万円の借金があっても、５０００万円の資産価値のある土地建物があったり、ＢＭＷ７シリーズの新車があるのならば、話が全く違う。実際、当時６６７兆円の財政赤字があったのだろうが、資産も世界一あった。だから、こういう発表というのは「印象操作」「誇大広告」であるし、この発表内容が日本国を間違った方向に向かわせる危険性を秘めている。

そして実際に消費増税を二段階に分けて行い、上向きかけた景気を消費減退により、墜落させたのなら、これは「犯罪」であり「一種のテロ」と表現してもよいだろう。

国民は債権者、政府は債務者

何度でも繰り返す。1000兆円の借金というのは、負債だけのことを指して言っているのである。1000兆円の借金があるということは、1000兆円に見合うだけの莫大な資産、天文学的な資産があるはずだ。その資産を一切無視して「1000兆円もの借金があるから日本は破産する」「円はハイパーインフレを起こして紙屑になる」と叫ぶ人がいるとしたら、「この会社は100万円も借金しているから大変だー。倒産するかも」と騒いでいるクレージーな人と「同じ」ことになる。政府も、財務省も、マスコミも、同じ論調で国民に語り続けてきた。

大変恐ろしいことに、会計の複式簿記の大原則は巧みな情報の取捨選択により踏みにじられ、資産が1円も増加することなく負債だけが増えているような印象操作が行われている。さらに悪どいことに、政府が国民から借金をしているにもかかわらず、まるで国民が借金しているかの如き理屈にすり替わって報道されるのである。

「1000兆円の借金というのは、国民一人当たり813万円の借金をしていることになります。赤ん坊がオギャーと生まれたら、生まれた時から800万円もの借金をして生まれてくるのですから、未来の子どもたちのためにも財政再建を果たして、負債を解消せねばなりません。そのためには増税をして…」と続く。繰り返して言うが、これはまったくの嘘である。国民は国債を買っている債権者であり、国は国民から金を貸してもらっている債務者である。この相反する立場は刑務所の看守と受刑者との関係であり、全く立場が異なる。ところが、報道機関による情報操作できれいに国民はやられている。債権者である国民がいつのまにかに債務者みたいになっているのだ。こういうのを日本語では「アベノミクス」ではなく「アベコベ」と言う。

政府の貸借対照表を読む

いよいよ国の貸借対照表を見てみよう。上場会社の財務諸表同様に公開情報なので、誰でも財務省のＨＰにアクセスすれば見ることができる。

まずは負債の純額を見る。４７７兆円だ。純負債を算出する計算方法は、「資産合計の６４０・２兆円」から「負債合計の１１７２兆円」を引けば出る。その数字は４７７兆円である。

確かに日本は債務超過に陥っているが、１１７２兆円の借金があるものの（１０００兆円から増加している)、640兆円もの資産もある国である。国の借金1172兆円というのと、資産を差し引きした477兆円では随分差異がある。「随分」という表現ではとてもおさまらないミスリードをしたものだ。しかし、それがまかり通っているのが現実である。

では世界一の国家予算を誇る覇権国・米国と比較してみよう。残念ながら、その米国でさえ、日本の金融資産には追い付かない。米国は日本に次いで世界第二位である。その額はというと350兆円。これだけみても、日本がいかに資産大国かわかる。人口三倍の米国と比較しても日本の金融資産は圧倒的に大きい。世界中探しても、政府が640兆円の資産を持っている国は地球上にはない。そのうち、金融資産は480兆円もある。これは一組織として世界最大の金融資産を保有している、とてつもない国ということなのである。

日本のバランスシートは資産超過

それだけではない。ややこしくなるので、今までスポットを当てて取り上げて述べたのは政府の資産だけであった。政府のバランスシートと日本国のバランスシートは違う。政府バランスシートには民間の経済活動は掲載されていない。では、それがどれくらいになるかと言えば、民間を含む日本全体のバランスシートでは、その資産額は途方もない数字になる。

国の経済主体には、①政府　②金融機関　③非金融機関　④家計　⑤民間非営利団体がある。その資産全部を足したものが資産合計で、５５９０兆円にもなる。では、負債合計はというと、５３２２兆円である。つまり、資産合計５５９０兆円＞負債合計５３２２兆円。

あらら、政府は確かに財政赤字で債務超過に陥っているが、日本国全体のバランスシートでは負債より資産が多い健全な国家ということになる。その資産超過額は実に２６８兆円である。日本は、ギリシャをいくつも買えるほどの資産大国なのだ。

【国の貸借対照表】（平成24年度末）

（単位：兆円）

	前年度	平成24年度	増▲減		前年度	平成24年度	増▲減
≪資産の部≫				≪負債の部≫			
現金・預金	17.7	22	4.2	未払等	11.2	11.3	0.1
有価証券	97.6	110.8	13.2	政府短期証券	107.2	101.7	▲5.6
未収金等	13.0	12.4	▲0.6	公債	791.0	827.2	36.3
前払費用	4.3	2.8	▲1.6	借入金	24.5	26.8	2.3
貸付金	142.9	139.5	▲3.3	預託金	7.5	7.3	▲0.2
運用寄託金	110.5	106.7	▲3.7	責任準備金	9.2	9.2	0.0
貸倒引当金	▲2.7	▲2.6	0.1	公的年金預り金	118.5	114.6	▲3.9
有形固定資産	180.9	180.3	▲0.5	退職給付引当金等	11.0	10.1	▲0.9
無形固定資産	0.2	0.2	0.0	その他の負債	8.1	8.8	0.7
出資金	59.3	62.2	2.9	負債合計	1088.2	1117.2	28.9
その他の資産	5.2	5.8	0.5	≪資産・負債差額の部≫			
				資産・負債差額	▲459.3	▲477.0	▲17.7
資産合計	628.9	640.2	11.3	負債及び資産・負債差額合計	628.9	640.2	11.3

【国の財務書類】の資産・負債の推移

（単位：兆円）

	平成20年度末	平成21年度末	平成22年度末	平成23年度末	平成24年度末
資産	664.8	647.0	625.1	628.9	640.2
負債	982.2	1019.0	1042.9	1088.2	1117.2
資産・負債差額	▲317.4	▲372.0	▲417.8	▲459.3	▲477.0

※財務省ホームページ（https://www.mof.go.ip/budget/report/public_finance_fact_sheet/fy2012/20140131_01.html）参照

特殊法人を全廃すれば負債は大幅に縮小する

次に目につくのは、有価証券110・8兆円、貸付金139・5兆円、出資金62・2兆円の三項目の合計312・5兆円の資産である。この巨額の金融資産こそ日本の闇、特殊法人向けの投資に当たる。特殊法人を全廃すると、資産と負債から同時に312・5兆円が消えることになる。特殊法人というのは全くなくともよい機関である。仮に必要な機関があっても、全て民間で運営できるものだ。官僚たちが自分らの天下り機関として次々に創立し、権益をむさぼっている日本の癌である。特殊法人に対する出費は半端ではない。この不必要な特殊法人を全廃してしまうと、負債から312・5兆円が消えてしまうので、日本の実質的な借金は164・5兆円に一気に減少させることができる。細かく見ると、これ以外に不要な項目はまだまだある。

いかがであろうか。増税など必要ないし、増税する前にいくらでもやることはあるということである。政府と国家と国民は同一ではないし、政府のバランスシートと日本国のバランスシートは別のものだということだ。要は増税をして権力基盤を維持したい日本の金庫番の財務省が政治家を通じて政府を動かし、財政危機を煽りながら「増税」という自己実現を果たしている構図が日本にはあるということである。ここにメスを入れる政治家が現れない限り、真相は知らされないだろう。

第一次安倍内閣がそこに手をつけようとした時、官僚たちは自爆テロよろしく年金爆弾を破裂させて、安倍政権を葬り去ることに成功した。それほど官僚の築き上げてきた牙城は強固である。権益を守るためには何でも彼らはする。それを最後に付け加えておきたい。

報道されないアベノミクスの墜落

言わないことじゃない！

一国の宰相に求められる能力は数あるが、「国家を富ます」ことはその第一だろう。米国でも、クリントン元大統領の下半身スキャンダルが発覚し炎上した時、経済大統領として手腕を発揮し、米国に好景気と株高を作り出していたからこそ、不思議と免罪された感があった。「確かに女癖は悪い男だが、まあ経済的な能力が高いのでこれ以上追及しなくてもいいだろう」という国民、マスメディアの判断があった。それほど経済と支持率は深く関連する。

昨今の日本でも、アベノミクスにより日本経済を回復基調にした手腕は安倍首相の人気を高め、経済首相としての栄冠を手にすることができた。ただし、それは、２０１４年４月の消費増税をするまでの話だ。

せっかくアベノミクスの効果により日本経済は回復基調なのに増税はご法度、禁じ手であるという増税反対論者は、安倍首相の頭脳ブレーンの学者などにも多数いた。だが、財務省をはじめ、共産党を除く与野党政治家、マスコミ各社、経団連も「社会保障のため」

という大義名分を振りかざして一様に消費増税に賛同していた。当時日本中が増税論者で埋め尽くされて、それにマスメディアも乗っかり鉄壁の世論形成が成されてしまう。反対論はあえなく封殺されて、すんなりと4月1日に消費税は3％上げられた。

かくて、日本政府は、デフレ脱却を目指しながらの「増税」という人類史上類を見ない愚行をしてしまった結果、案の定、景気は急速に落ち込んでしまった。同じ価値の物なのに値段が上がれば、消費者心理として買い控えるのは当然だ。物を買わなければ高い消費税を支払うことを回避できる。間接税に対抗する唯一の策を消費者は講じることとなった。しかし、不思議なことに、政府も新聞社各社も景気後退を積極的に報道しようとしない。そこにはもう一つの思惑が働きいているからだ。そう、２０１７年に再び2％の消費増税をしたいからに他ならない。

では、どれだけ景気が後退しているのか？　いや、今や不況に陥ってしまっているのか？　現実の数値に基づいて検証してみよう。

２０１４年４～6月の第一四半期のＧＤＰの年率換算は▲7・1％と急落した。増税前の駆け込み需要の反動は予測の範囲であったものの、97年の橋本内閣時の3％から5％に上げられた時の落ち込みを軽く上回った数値に皆一様に驚いた。しかし「第一四半期は駆け込み需要の反動であり仕方がない。第二四半期は順調に回復する」という楽観論が支配した。だが、結果的には全くそうはならなかった。

現実に、あらゆる経済指標が急降下を始めている。不動産売買は落ち込み、商業用不動産投資も前年同期対比で▲15％。持家住宅の受注に至っては駆け込み需要のみあった昨年9月以来13カ月連続ダウン。しかも、下げ幅は普通ではない。前年対比で平均25％ダウン。東海地方にいたっては38％ダウンというのだから、壊滅状態といってもよい。

不動産投資や持家住宅の購買というのは、副次的な需要が喚起される投資である。戸建て住宅やマンションを買うと、家具、電化商品、雑貨、引っ越し費用、外構費用など150〜200万円の追加受注が発生し、経済は潤うようになっている。ゆえに、住宅不動産の落ち込みは経済にとって大きなマイナス要素となり、影響は計り知れない。

8月に発表された7月の自動車生産台数は前年同月比で▲2・2％となり、11カ月ぶりに「減少」に転じた。今年上半期の新車販売台数は前年同期比で▲2・8％で10月に突入しても回復の兆しは見えないなか、遂に生産台数まで降下し始めたのだ。では、家電販売はどうか。9月まで2桁のマイナスが更新され続けている。百貨店やスーパーも前年割れを脱することができないでいる。

要は、どの業界も消費景気が落ち込み「モノが売れない」のだ。その結果どうなったか。製造業の設備投資額が落ち込むこととなる。7〜9月期は前年同期比▲7％という大幅な落ち込みがすでに予想されている。長期金利は市場最低の0・72％に引き下げて企業に設備投資しやすい環境を整えていても、肝心の「物」が売れない、あるいは売れる見込みが立たないので設備投資をしない。無駄な投資をする企業は存在しないのである。

そこまでやるか⁉

そこに円安という大企業にとっては追い風、中小零細企業にとっては向かい風が吹く。日銀券をジャブジャブ市場に流す異次元金融緩和策により相対的に円の価値を下げ、円安誘導し、輸出関連の製造業の業績を良くし、結果的に株価が上がるというプラスの効果もあるものの、彼等には円安の恩恵はあまりない。むしろ、円安は原油輸入価格を押し上げ、結果的にガソリン料金、電気料金が上がる。経済のコメと言われる電気料金の値上げは製造原価を引き上げることとなりボディブローとして効いてくる。今現在は原油安に振れているので、値を戻して一時より若干ガソリン価格は下がっているものの、以前の水準から比較すると高止まりをしている。おのずと運輸業は苦しくなり収益を圧迫する。

さらに注目すべきは「実質賃金」の推移である。実質賃金とは名目賃金という実際にもらう給与から物価の上昇率を引いたものだ。この実質賃金は増税前からマイナスになっている。「えっ、ウソー」と思うことだろうが本当である。アベノミクス効果で賃金は上昇基調にあったのは事実であるが、その賃金上昇率より早いスピードで物価は上昇していた。日銀がデフレ脱却をめざし、2%のインフレターゲットをもって異次元金融緩和をした「成果」として物価は徐々に上昇していたのである。

そして、実質賃金の低下は、昨年7月以来14カ月連続で続いている。しかも、4月の増税前は実質賃金のダウン幅は▲1%台であったものが、増税後は▲3%まで下がり、2014年6月には前年対比で実に▲3・8%にもなってしまった。消費増税後は等しく物の値段は3%上昇しているので、当然の帰結として実質賃金の減少幅は大幅にその日からマイナスに振れたことになる。こういうのを関西では「あたり前田のクラッカー」という。

では落ち込んでしまっている消費マインドを改善するには、実質賃金を上げることだが、そうは簡単にいかない。賃金を上げるには企業の業績が回復し、収益が上昇しないと理論上不可能であるからだ。増税により消費景気が落ち込み、物が売れずに企業の業績が回復することはないので、やはり賃金は上がらない。いや上がらないどころか今後は収益減により賃金は下がることが予想される。

先に増税により消費景気は減退したと言及したが、高い消費税を支払いたくないという消費者の防衛本能からも買い控えが起きているのは事実だが、それよりも、実質賃金が実際に下がっているので買いたくても買えない、購買意欲が減退しているというのも現実である。今や、国民は増税により苦しんでいるし、操縦を誤って自らの手で逆噴射した日本は失速してしまった。

ということで、内需、消費、設備投資、住宅投資、不動産投資のどれを見ても▲状態に陥ってしまったアベノミクスが消費増税を契機としてもんどりうってこけてしまったことは報道されないが、事実である。景気が順調に回復するなか、デフレ脱却を目指しながら増税したばかりに、一般消費が落ち込み、企業は在庫が膨らみ、その結果、企業は新規の設備投資を控えることにより、経済は腰折れした。簡単に言えばそれだけだ。

そんな中、まだW増税をかけ消費税を10％にしようとしているのだから開いた口が塞がらない。実は8％から10％の引き上げは単に2％増税を超えたキラー要素を含んでいることを誰も分かっていない。商品の価格表示方法は、W増税の混乱を見込んで消費税抜表示でも合法化されてしまったので、買い物をする消費者にとって、8％の消費税というのは中途半端で計算しにくい。ところがこれが10％になってしまったら、いとも簡単に計算することができてしまう。2480円の買い物をする時に、8％掛けた総額を即計算できる人は少数だが、10％なら誰でも一瞬で計算できてしまう。その結果どうなるかというと、8％だと計算できなく頭の中でサーフィンしてしまい曖昧であったものが、10％になったら簡単に計算できてしまい、くっきりと商品総額を把握できるようになるので「うっ！10％の消費税　たっかー」と思い、購買意欲を減退してしまう「効果」があるのだ。そして、「やっぱり買うの、やめとこ」と、こうなる。

よって、

「絶対に消費税を10％に上げてはならない」

「安部首相は経済政策の失敗を素直に認めて、むしろ、以前の税率に戻すべし」

負の連鎖がとめどもなく

私が増税論に反対している理由は実に明確である。増税は日本のＧＤＰの上昇を抑える主要因になると思っているからだ。ＧＤＰとは国内総生産のことであり、その国の国力を示す数値として国際社会の共通言語になっている。つまりＧＤＰが上がれば上がるほど国内の経済活動は活発であり、「物」が沢山売れ、お金が流通し国民にお金がまわってくることを示し、ＧＤＰの停滞及び下降は経済活動の不活性を示すことになる。

日本は世界一の経済規模を誇る米国同様、世界の中の大国であり、ＧＤＰの実に60％も国内消費で占めている巨大消費国であるのだ。ここを押さえておかなければならない。よってＧＤＰを上げようとしたなら、消費景気を起こし消費を活性化しなければならないのだ。簡単に言えば国民が沢山「物」を買ってくれる環境をつくらなければならないということだ。

増税理由は社会保障だの、財政均衡だの、さまざまな理由をたくさんつけるが、増税行為は消費活動に蓋をしてしまう逆の政策でしかない。増税論者の根拠は増税による「税収増」の一点でしかない。徴税権を行使し広く国民から税金を集め、国に入る歳入を増やす。増えた税収で財政赤字を埋める源泉にしたり、社会保障を充実し国民に還元したりするということが大義名分だ。

だが、このストーリーには嘘がある。増税しても税収が増えないからだ。消費税という間接税における税収というのは、消費してくれないとまったく税収は伸びないメカニズムになっている。そして、消費の阻害要因ができれば国民は消費しなくなってしまうのである。阻害要因とは、増税による物の値段の上昇であり、実質賃金の低下である。生活に最低限必要な食料品や家賃や交通費は削減できないので消費はするものの、贅沢品の部類に入るものの購買は控えるようになる。これは抑制ではなく生活防衛の本能である。

具体的に言うと、歓楽街に飲みに行かなくなる、車を買わなくなる、旅行に行かなくなる、家を買わなくなる、映画を観なくなる、高級腕時計を買わなくなる、家族で外食を控えるようになるというように、極力、不要不急の出費を抑える方向に動く。つまり「増税」そのものが消費を抑えるストッパー機能を果たしてしまい消費活動を鈍らす主犯となってしまうという矛盾が生まれる。かくて、増税＝税収増にならず逆に増税＝税収減に陥ってしまうという現象が生まれるのである。

いや、それだけには留まらないのだ。消費活動を縮小に向かわせる増税は、時間の経過とともに決定的なトドメを指すことになる。企業や店舗で物が売れなくなった後に始まるのは、ボーナスカット、定期昇給カット、賃金カットが始まり、実質賃金はさらに減少していくこととなる。

「物」が売れない世の中というのは、国民全体が等しく貧乏になっていく世の中である。販売不振により企業業績は低下し、今度は法人税の税収が減ることとなり、いったい何のための増税なのか意味不明となる。増税前のアベノミクス効果として企業の業績が回復し法人税が2兆円も増収になっていたことを忘れてはならない。税収増は好景気からしか生まれないのである。このように増税していいことは「何一つ」ないのである。

アベノミクス操縦誤れる

さて、話を元に戻そう。当然政治家や官僚達は増税しても、経済が失速しないよう対策を立てることとなる。その一つが「軽減税率」という特定の人や団体や一定の品目に対して税率を軽減することである。実はここに、今回最も述べたかった「闇」が潜んでいる。

何故、ここまで日本経済が墜落しているにも関わらず、その報道を積極的にせず、いやもう一歩踏み込んで言うと、握りつぶして知らん顔しているのか？　その答えは、闇の取引が成立しているからである。もう一度言う。各新聞社、テレビ局が増税賛成の論陣を張る姿勢を崩さないのは闇の取引があるからだと思う。取引先は政府であり財務省である。要は軽減税率の適用を各新聞社は熱望していて、その結果財務省のお先棒を担いでいるのである。その背景にはインターネットの普及や若者の活字離れ、朝日新聞に見る新聞社への信頼の失墜などによる、昨今の新聞購読者数の激減という現実がある。そこにこれ以上の消費増税となれば、新聞の購読を打ち切る人達が増え、新聞社の経営難には拍車がかかる。

そういった背景があり、彼等は軽減税率の恩恵を熱望している。だからこそ、財務省にも官邸にも尻尾をふっている。その結果、新聞報道では不思議と一貫して増税賛成論が横行し、消費増税による景気の落ち込みの実態を報道しないようにしているのだ。本来は権力に対する牽制装置であり、圧力団体であるはずの新聞が官邸の犬となっているのが日本の現実である。

聞けば、新聞社なら社説を書く論説委員、テレビ局なら解説委員に対して、財務省の佐藤慎一主税局長が中心となってわざわざ『ご説明』に上がっているというではないか。彼等は親切にも50ページ以上にも及ぶ資料を持参し、消費増税の必要性を丁寧にレクチャーしているという。その資料にはそのまま使える数字やグラフがふんだんに盛り込まれていて、原稿を作る時に重宝しているというのである。財務省もどこを押さえれば増税世論を簡単に作れるかちゃんと知って行動しているのである。

こういう裏取引があるお陰で、今、日本経済の実態が分かりにくくなっている。消費増税の必要性の世論形成が去れてしまう。大手新聞、メディアが政府に完全に懐柔されてしまい、決定論の如く報ずるのを国民は真に受けて「それでは仕方がない」「増税やむなし」という方向に洗脳されてしまっているが、真実は別の所にある。増税をして幸福になる人は財務省以外いないのに、陰に隠れて権力を持つ暴君が日本を沈没に追いやろうとしている。消費税10％になってしまったなら日本経済の底が抜けてしまう。それを何としても阻止せねばならないのだが、昨今、増税延期論も与党議員の一部からくすぶり続けているものの、麻生、石破、二階、谷垣、下村、以下政府重鎮は増税賛成者で埋め尽くされている。このままでは増税回避は無理であろう。

そこへ日銀は増税確定のための第一の矢の異次元金融緩和の追加措置を発表した。日銀は中長期国債買い上げ枠を50兆円から80兆円と、30兆円も増やすと発表した瞬間から市場は反応し114円まで円安は一気に進み、輸出産業を中心に株価は上がり株価は1万7000円に回復した。またしても政府が円安誘導に導き株価を上げるワンパターンを演出したのだ。このタイミングでの突如の追加金融緩和は、政府日銀による人工的株高創作による増税確定の援護射撃であった。ここに政府日銀も含めて増税への不退転の覚悟を示したのである。

さらに、政府が増税への諮問機関を設け有識者による増税論議をした結果、6割の「有識者」が賛成したとの報道があった。一部まともな人も有識者に名を連ねていたが、バリバリ増税論の有識者を過半数以上集めての茶番をしただけにしか過ぎない。有識者による増税賛成論は増税への免罪符になり、政府にとって実に都合がいい。こんなことばかりして増税への布石を次々と繰り出してきている。

古代ローマの税率は1％であった。しかし、国は富み、「全ての道はローマに続く」の格言通り道路、水道、大衆浴場などインフラ整備は充実し、国民はローマを愛し圧倒的な国力を誇っていた。税金を１％にするのは無理でも、徴収してもいい税金は間接税、直接税含めても10％までである。つまり、10分の１税が人類普遍の法則であるのだ。これは渡部昇一・上智大学名誉教授も繰り返し訴えている数字だ。それを日本政府は企業からは40％取り、さらには個人の最高税率を55％に引き上げようとたくらんでいる。10％で運営できないのは大きな政府をつくっているからであり、小さな政府にすればできる。

賢いと思われる有識者の方々がいろいろ難しいことを論説しているが、税金が安い世の中が良い世の中であり、税金が高い世の中は悪い世の中である。税収を上げたいのなら、第三の矢の「成長戦略」を具体的に推進して、国家として起業に勤しむことである。安倍内閣の成長戦略は、中身がなく何の戦略もないではないか。そもそも第一の矢は第三の矢とセットではないのか。

安倍首相から成長戦略を示さない代わりに、民間のＪＲ東海が政府から一円の融資も受けることなく、単独でリニア新幹線工事に着手し、この国の進むべき成長戦略を示した。官より民の方が進むべき道筋が分かっているのだ。

安倍首相は得意な外交では頑張っているが、やっていることを見たら経済は分かっていないように見える。経営者としてのキャリアも手腕もない。その経済的無能さを財務省に付け込まれて彼らのそそのかしにまんまとはまり、財務省の犬と化し増税に勤しんでいるのが安倍内閣の実態である。

党内重鎮も財務省のご進講を受け、とうの昔に財務省の手に落ちていて、もはや閣内に歯止めはない。安倍さんは慢心して政策ブレーンの浜田氏の意見にも耳を傾けない。安倍内閣のシンクタンクであった知的ブレーンたちはどんどん退出し見限っていっている。そして、今や誰もいなくなった状態だ。

民主党があまりにもひどかったので自民党に再びチャンスが巡ってきたものの、この家屋はもう崩壊しており、新しい国家ビジョンなど創り出せないし、ひいては国を成長させることもできない。そもそも自民党が国民の年金を使いこんでしまい、財源がなくなってしまったので、その穴埋めに増税し国民から再びむしりとろうとしているだけではないか。悪代官も顔負けのことを行っている。次の選挙で政権交代するしかない。

百田尚樹、沖縄の二紙はつぶさなあかん発言の真相

言論弾圧したのではなく、言論弾圧された百田氏

百田尚樹がまたやり玉に挙げられ、袋叩きにあっている。事の発端は、2015年6月25日、自民党若手議員の勉強会「文化芸術懇談会」に講師として招かれた時の発言だ。席上、「沖縄の二紙はつぶさんとあかん」と言ったと報道されたのである。

二紙とは言わずと知れた「沖縄タイムス」と「琉球新報」のことである。東京新聞、中日新聞、中国新聞、北海道新聞、同様日本が誇る代表的左翼史観新聞で、反日を声高らかに叫び、読者をおもいっきり左に洗脳し続けている新聞社だ。「二紙はつぶさんとあかん」発言は誠に正論なのだが、百田尚樹の発言とされて大炎上したわけである。「永遠の0」「海賊と呼ばれた男」とミリオンセラーを続けるベストセラー作家は、今や「右」のレッテルを背中にしっかり貼られてしまった観がある。

「百田さんなら言いかねない」と実は私も思っていたのだが、百田尚樹氏の有料メルマ

ガで真実を知り、愕然とした。

かいつまんで「二紙はつぶさんとあかん」発言に至る経緯を見てみよう。「懇談会」は全く私的な集まりで、決して公的なものではない。当日は何社も報道陣が来ていたが、会の冒頭だけ一分間ほど報道陣を入れ、あとはシャットアウトというものだった。百田氏は主催者に「それでも部屋の外から話を聞くのではないのですか」と訊ねたら、「冒頭の話だけは聞いて書いてもらってもいいと言っています。でも、退出した後は取材はなしということを伝えていますから、それを書くのはルール違反になります」と答えたそうだ。

冒頭で百田氏は約二分間挨拶をした。その内容はこうだった。重要なので全文掲載する。

百田尚樹です。今日はよろしくお願いします。文化人を交えての講演ということですが、私など文化からほど遠い人間です。ずっとお笑い専門でやってきた男ですが、最近はＮＨＫの経営委員なんかやったりして、公の場で発言するとものすごく炎上してしまいます。これはもちろん、マスコミの皆さんのお蔭でもありまして。

ただ、マスコミの皆さんに言いたい。一分間しかおられないので、しっかり言いたいのですが、まず公正な報道をお願いします。それプラス、日本の国を自分たちの報道でいかによくしていくか、この気持ちをしっかり持ってもらいたい。反日とか売国とか、日本を貶めるために書いているとしか思えない記事はやめていただきたい。

　何も政治的な偏向をしろと言っているんじゃないんです。自分の書く記事が、それを読んでいる読者の皆さんが日本人として誇りを持つ、日本という国が立派な国であるという、そういう気持ちを持つ記事になるかどうか、それを肝に銘じて書いていただきたい。もちろん公正というのは当たり前のことですが、それをひとつお願いいたします

　この通りまったく沖縄の二紙については一切触れていない。マスコミに対して報道姿勢に対して説教しただけである。その後の講演内容にも「沖縄の二紙はつぶさんとあかん」発言はない。講演の主な内容は「国会議員として責務を持って働いてもらいたい」「集団的自衛権とは何か」というものだった。講演の中で、マスコミや新聞社や沖縄のことは一言も話していない。

　講演する百田氏からは、退出した新聞記者たちのいくつもの耳がドアのすりガラスにへばりついているのが見えたそうだが、講演の前に確認した紳士協定もあったので気にせず講演を続けたそうだ。講演終了後、雑談交じりの質疑応答があり、フランクな会話をしたそうである。

　ある議員が、沖縄メディアを牛耳る「沖縄タイムス」と「琉球新報」に対して批判的な

意見を述べて、百田氏に感想を求めた。

「私も沖縄はね、あの二つの新聞社がめちゃ頭にきてね。私ね、琉球タイムスでしたかね、一回記事に大きな見出し書かれてね。『百田尚樹、また暴言』って。『また暴言』はないやろって。本当にもう、あの二つの新聞社から私は目の敵にされているんで。まあほんとに、沖縄のあの二つの新聞社は本当につぶさなあかんのですけども」。

活字にしたらこの通りである。

しかし、百田氏曰く、「最後の『つぶさなあかんのですけど』のあたりの口調のニュアンスを活字で表現するのは難しいです。落語家が笑をとる時によくやる『――ですけれども』という、語尾を柔らかくぼかせる口調で語ったものと言えば伝わるでしょうか」。と述べている。

朝日新聞をはじめとするいくつかの新聞には、「絶対につぶさないとあかん」と言ったと書かれていたが、百田氏は「絶対に」なんて言葉は使っていないし、「つぶさないとあかん」と断言もしていない。あくまで冗談とわかるように、語尾にニュアンスを持たせて言ったセリフだったそうである。その証拠に、会場にはどっと笑いが起き、その話題はそこで終わった。そもそも、二紙に対しての議論など一切なかったというのだ。しかし、多くの新聞社が百田発言を問題として「百田尚樹は言論弾圧を目論む男」という論調の記事で百田氏を糾弾した。

百田氏「これはもう呆れるしかありません。もともと取材お断りの内輪の席での発言を盗み聞きして、それを紙面に載せるだけでもひどいのに、しかもその場にいた誰が聞いてもわかる冗談を「暴言」に仕立てあげて記事にする…。あまりにもやり方が汚いです」。

その後自民党議員からは「偏向報道をする新聞社に広告を出すスポンサーに圧力をかけて、新聞社を懲らしめるというやり方はいかがでしょうか」という発言も飛び出し、それを盗聴していた記者達に記事にされ、発言した議員の処分問題にまで発展し、最後は国会で安倍首相まで責任追及されて謝罪するところまでいってしまった。百田氏は、この意見には絶句し、全く同意しなかったそうだ。言論機関に対して、公権力や金や暴力で圧力をかけるということはあってはならないことだと思っているからである。しかし、そこは記事に書かないわけだ。以上が顛末である。

真相を聞かされれば確かに酷い。あくまで私的でクローズした懇談会での冗談まじりの発言の語尾をとらえて「言論弾圧主義者」にまでしてしまうとは。ラジオやテレビの発言でもなく、公的な場での発言でもない。取材でもない。ないないづくしで、よくもまあ、受け狙いの冗談交じりの発言を「言論弾圧する極悪人」まで仕立て上げることができるものだ。日本には憲法21条で保障されている言論の自由がある。「集会、結及び言論、出版その他一切の表現の自由はこれを保障する」と憲法に書かれている。しかるに、私的な会合での冗談交じりの発言に対して、ここまで「言論弾圧者」として吊し上げる。マスコミ各社の特定個人に対する「言論弾圧」ではないのか。

報道を通して一人の知識人をつぶすことは容易である。マスコミ各社が、ある攻撃をしたい人物がいたなら、それこそ一斉に総攻撃をかけマスコミによる言論弾圧をすることができる。

「社会的に抹殺することさえ簡単にできる。それは石原慎太郎氏や田母神俊雄氏や籾井勝人氏や百田尚樹氏のような保守の思想を持つ、まっとうな日本人が対象のことが多く、左翼反日勢力にその矛先が向くことは少ない。新聞社やテレビ局の主張に合わない言論人を容赦なく十字架にかけることができる権力を有している」

しかも、筆者であっても、百田氏なら「沖縄二紙はつぶさないとあかん」くらいの発言はするだろうと一時は思い込んでしまったくらいだから、一般大衆は言論操作にものの見事にやられてしまう。そして、その報道されたことは「事実」としてしっかりと固まってしまう。マスコミ報道は一方通行で、百田さんの反論など絶対に掲載してくれはしない。

ただ一つ救いはある。今、田母神さんは人気を博し、全国を飛び回り、著書が売れるべストセラー作家でもある。保守の言論をリードする一人となっている。彼が在任中に書いた実にまともな歴史観を有した立派な論文は、政府見解と異なる歴史認識を持つ危険思想犯であると断罪され、挙句の果てに時の宰相であった麻生元首相に更迭され、社会的制裁を受けたけれども、しばらくすると復活し、逆に人気を博し、都知事選に出馬すると60万票を集めることができるほどになった。大衆は何が真実か、何が正しいのかを、時の経過とともに分かってくるのだ。

ロッキード事件の田中角栄もそうだった。田中弁護団が主張するように、あの裁判は無効だし無罪だと思う。反対尋問ができない裁判など無効だろう。連合軍が行った「東京裁判」と「ロッキード裁判」は見せしめのリンチ裁判であり、裁判の名に値しないが、それと大差ない。

あれも典型的なマッチポンプだった。「今太閤」と世は田中角栄を持ち上げておきながら、ロッキード事件をきっかけとして「金権政治家・田中角栄許すまじ」という一斉ヒステリー現象が起き、一人の有力政治家を抹殺してしまった。時がたち、今、田中角栄人気は鰻登りだ。本屋に行けば角栄本が山積みされている。「もし、田中角栄が今いてくれていたら」と願う日本人は多いのである。彼のような政治家は現代の日本にいないので、大衆は英雄を求めるのだ。

1962年、大蔵大臣に就任した角栄が大蔵官僚を前に語った就任演説は伝説となっている。「できることはやる。できないことはやらない。しかし、すべての責任はこのワシが負う。以上。」恰好いいではないか、この日から大蔵官僚は尋常小学校しか出ていない、角栄に傾倒していったという。見事に官僚をつかえた首相であった。

最後に、百田氏のねつ造に近い報道の結果を伝えたい。とんでもないことになっていってしまっているのだ。いったい誰の責任なのだろうか。

翁長沖縄知事が百田氏を非難する声明を発表し、沖縄県議会がほぼ全会一致で百田尚樹に対して抗議声明を出すという決議をなした。そして、警視庁には百田尚樹殺害予告も届いたというのである。百田氏出演のラジオ収録等があれば、警視庁のパトカーついてきて、警備をしている状態である。百田氏が「文化芸術懇談会」で報道陣に「公正」な報道を求めたら、途端に「不公正」な報道をされた。その結果、とてつもなく大きな問題に発展しているのだ。

辺野古移設問題を超える沖縄の闇

沖縄は以前の沖縄ではなくなっている

あの「辺野古」に取材旅行に行ってきた。久しぶりの沖縄本島であったが、以前来た時と異なり、どうも澱んでいる印象であった。霧がかかっているように見えてしまう。その霧の正体が、翁長知事を頂点とする左翼活動、反政府活動であるのは明白である。いや、後ほど述べるがもっと深いところに繋がっているようだ。その正体は「琉球独立運動」である。

もう今の沖縄は琉球国として独立をしたがっているか、日本政府ではなく中国につきたがっている。無論、それが県民全体の総意であるはずもないが、沖縄県民が選んだ県知事がそう思っているのは確かだ。こんな自治体は日本中探してもここしかない。

国家から毎年3000億円の膨大な思いやり予算である一括交付金を受けながら、那覇の玄関口に、中国の象徴である「龍柱」を莫大な費用（3億2000万円）をかけて建設し、中国への恭順の意を表そうとしている。しかも、発注先はよりによって中国企業であったというおまけつきだ。

翁長氏は自民党に属していた時は、もともと熱心な辺野古移設推進派であった。共産、社民、民主が選挙協力するやいなや、基地移設絶対反対派になった日和見主義者でしかないと思いきや、なかなかしたたかで、手を替え品を替え、あの手この手で日本政府をゆさぶってくる曲者だ。あなどれない。

一介の自治体の長がオバマ大統領に立会し直談判しようとするは、国連行脚をして事実を捻じ曲げ、ありもしない人権侵害を訴えるは、とうとう仲井真知事時代に議決された辺野古埋め立ての承認を無効にするという暴挙を演じるは、もうやりたい放題。今後は法廷闘争に移るのだが、前知事の決定を不服として次期知事が決定事項を覆すことを行う。いったいいつになったら、辺野古に米軍基地は移転できるのだろうか。中国政府の高笑いが聞こえてくるようだ。

日本と中国の政治力の差を米国は感じている。日本には「政治力」が欠けていると、クールに見ている。そして米国は、近未来、日中戦争は勃発するという前提でシミュレーションを始めている。というわけで、米国と日本政府と沖縄県民の沖縄攻防戦が、スモッグとなって沖縄全土を覆っている。というわけである。それを今回の旅を通じて素肌で感じとったことだ。

誠に残念だが、沖縄はもう、昔の光のさす沖縄ではなくなってしまっていた。観光地も、ホテルも、空港も、国際通りも、中国人だらけ。飛び交う言語は中国語。我が物顔で闊歩している。ホテルの稼働率は１００％近い。売り手市場なので、ホテル代は高騰している。これは、東京、大阪、名古屋、福岡と同じ事情。アジアからの観光客の急増で大都市はホテルの部屋不足が続いている。出張族のビジネスマンはいつもホテルがとりにくくなっている。

辺野古で見聞きしたこと

では辺野古の話をしよう。『ヤンキーゴーホーム！』

米軍のトラックが辺野古の施設に入ろうとしたした瞬間、群衆から罵声が浴びせられた。到着してすぐのことだ。さらに、結構流暢な英語を使い、抗議のシュプレヒコールをあげる。なかなかインテリである。施設ゲート前には多数の反対派住民と本土から遠征してきた左翼が陣取り、テントを張っている。数多くののぼりがはためく。ずっと闘争を続けているので慣れたものだ。ここに集結し抗議活動をするのがライフワークとなっているようだ。

「沖縄は地政学的にみて軍隊が駐留していないと危険」だと、いくら１００万言を重ねようとも、彼等を説得することはできないことだろう。最初から聞く耳を持たないものだから。

それは国会前でデモをやっている連中に何を言っても聞き入れないのと同じ理屈だ。

では、本当に沖縄の人たちは、危機感がないのか、中国に対する脅威を感じていないのか、というと、取材した限りでは「何も考えていない」という人達が６割に及ぶ。まったく思考停止状態だ。今日が平和ならその延長線上に未来は開けるものと、何の根拠もなく信じている。そして何も考えていない人達は、声が大きい沖縄世論の軍門に下り「基地反対派」になっている。牢固とした沖縄世論は容易に覆ることはない。

翁長知事の国連での演説は危ない

話題を変えて、翁長知事の国連での演説の背景に何があったかを述べる。以下、沖縄の事情に詳しい幸福実現党沖縄県本部副代表、金城竜郎氏の論考を一部抜粋しながら私見を述べる。

翁長知事が演説したのは「国連人権理事会」だ。何故、そんなことができたかと言うと、国連ＮＧＯの『市民外交センター』が『島ぐるみ会議』などから要請を受け、人権理事会での発言時間を貸したからだ。

『島ぐるみ会議』とは、「沖縄『建白書』を実現し未来を拓く島ぐるみ会議」の略称であり、もともとは沖縄県議会各派代表、全41市町村長・議員らが押印した上で名前を連ね、米国普天間基地の閉鎖・撤去・県内移設断念などを求めて「建白書」を安倍首相に手渡した団体だ。手渡したのは誰かと言うと、沖縄県知事になる前の翁長那覇市長なのだ。「島ぐるみ会議」はそのまま、翁長県知事を誕生させる集票マシーンになり、今の沖縄翁長体制を作ったのである。

ここで重要なことは、特別協議資格を持つＮＧＯに要請があったのではなく、「島ぐるみ会議」からの要請で実現したということだ。「島ぐるみ会議」＝「翁長知事」でもあるので、つまり翁長知事自身の要請で実現できたということが真相である。そして、翁長知事の国連行脚は実は危険極まりない行為なのだ。訪米してオバマ大統領に直談判しようとする行為と比較にならないほど危険なのだ。なぜなら、その背景には「琉球独立運動」があるからである。

ＮＧＯの「市民外交センター」なるものは、先住民族の権利のために活動している団体で、そこからの要請を受ける形で沖縄の翁長知事が講演することは、沖縄に住んでいた先住民族のリーダーが自治権をめぐって陳述しに来たと見えるし、まさしくそれを狙って行ったに違いない。日本政府は沖縄を先住民族と認めていないが、琉球人は先住民族であるというメッセージを国連の場で行うことにより、韓国の朴大統領が得意としている「告げ口外交」を繰り広げ、日本政府に抑圧された先住民というイメージを形成しようとする作戦だ。

そこで彼が発した内容は「沖縄の人々の自己決定権や人権がないがしろにされている！」というものだった。まるで、日本政府による沖縄の人々への人権侵害があるかの如き発言だった。翁長氏はここにいたって国際世論に訴えかけ、日本政府をけん制しようとしている。

その手法はまるで、中韓がユネスコに対し「南京事件」「従軍慰安婦」を世界記憶遺産登録する運動と軌を一にする行為である。

その後翁長知事は英国に飛び、スコットランド担当大臣と面会したいと、外務省に打診している。知っての通り、スコットランドは英国からの独立運動が盛り上がり、住民投票の結果、否決されたという経緯がある。そのような先住民族問題をかかえる英国に飛び、その担当大臣との会談を望むということは、沖縄こそが日本のスコットランドであるかと言わんばかりのメッセージを伝えたいのだろう。このような行動は、日本からの独立運動の一環だと認識されても仕方がない。

琉球国としての地位を狙う翁長知事

翁長知事が狙っていることは、辺野古移設の反対運動を機縁として、琉球国として独立を果たすことであり、国連行脚はその布石を打っているのである。よって、翁長知事の国連行脚は極めて危険な行為であり、国家としての危機であるという認識を持っておかねばならない。

最後に、貴重な情報を現地で掴んだので紹介して終わりにする。沖縄の友人のブレーンに公安警察官がいる。その公安警察官が言うには「翁長知事自身が『俺を止めてくれ！』とつぶやいていたと言うのだ。真実なら無視できない重大な情報である。いったいどういう意味なのだろうか。何か、外部から圧力がかかり、自分の意思と違う行動をしいられているとでもいうのだろうか。

翁長知事ほど中国にとって都合のいいイデオロギーを持った知事はいない。そもそも両者は蜜月の関係であり、お互いに政治利用している。そのあたりと関係しているかもしれない。どうも、沖縄をめぐっての日本・中国・米国の攻防戦が水面下で繰り広げられている事だけは間違いない。沖縄の動向は、日本の国防の観点から決して目が離せない。

国会議事堂前のデモ隊に言いたいこと

昭和天皇の御聖断が遅れたら日本国土は割譲されていた

終戦の御聖断は昭和天皇が下した。もし決断が遅れたならば、ドイツが東西に分割されたように、おそらく北海道はロシアに割譲されていたはずである。そうなれば、戦後70年経過した今も、間違いなく北海道が当然ロシア領のままであることだろう。

第二次大戦後、世界を東西に分かつ米ソ冷戦が始まったのだから、北海道に核ミサイル基地は確実に建設されていたろうし、おそらく今も撤去されていないはずだ。その核ミサイルは、当然日本本土や駐留する米軍基地に向けられていたことだろう。つまり日本にとっての「キューバ危機」があったはずであり、歴史はかなり違ったものになっていた可能性が強い。

無論、今のは歴史の「ｉｆ」であるが、戦争継続かポツダム宣言を受託するかという、大きな最終判断は時の政治家にはできなかった。最後は、昭和天皇の御聖断に頼るしかなかったわけだ。少なくとも、あのタイミングでの御聖断が下されていなければ、今の日本はなかったのは明白である。

そのことに思いをはせたら、今、国会前でデモを繰り広げている輩、特にその中に混じって国会議事堂に向かって叫んでいる政治家達が何とも薄っぺらく、根無し草に見えてしょうがなかった。また戦後70年、日本人を犯し続けた左翼史観、自虐史観の毒が回った日本人の象徴のようにも見える。情けないことだが事実だ。

デタラメな国会前デモ隊人数

８月30日に主催者発表で12万人の国会前デモが行われた。警察発表では３万人だったが、これも大げさだ。安保闘争の国会封鎖の時で10万人の群衆である。それには到底及ばない。国会前広場を２００ｍ～３００ｍもいったら人はまばらだったという。空中写真から世界の10万人規模のデモと比較したら１／10だろう。実際に専門家が映像や写真を分析したら、１万人に満たない程度だったそうだ。しかし左翼新聞は12万人デモと大きく、そして嬉しそうに報じた。

確固とした思想と主義主張がないデモ隊

それにしても、先日国会議事堂を囲んだデモ隊にこそ、日本の国体護持のために身命を賭した人々がいたことを教えたいものだ。思想は自由かもしれないが、国家への愛国心と歴史への畏怖も尊敬もなく、ただ自己主張をしている輩に「国家のために身命を賭す覚悟を持ったことがあるのか」と聞きたい。あなた方は言論の自由を手にして、好きなことを叫んでいるが、今の日本という国体があってこそではないかと。

1960年、1970年の安保闘争はまだ、間違った思想であっても大半は「共産主義思想」に染まった若者が暴れたのだが、今の若者は確固とした思想があってデモに参加しているわけではない。強いて言えば、「戦争嫌い思想」「死にたくない思想」である。

では、誰からの思想を受けているかというと、安保闘争の時、全共闘に属しゲバ棒を振り回していた反国家主義の連中からである。彼等はいまだ、政治の世界にも、マスコミの世界にも、教育の世界にも生息し続け、影響を与えている。彼らの「戦争法案」「徴兵法案」という、宣伝文句の口車にのせられて、若者は、また民衆は、集っているのだ。戦争法案反対の思想的信念を有して集っているわけではない。

その証拠に「ハンガーストライキをする！」といって座り込みをしても、ポカリスエットを飲み、漫画を読みながらストライキをしている根性が入ってない輩である。座り込み二日目には人数は半減し、その後、三日目には雨が降ったら何と彼らは、いそいそと帰っていったそうだ。いったい、どのような思想や信念、主義主張をもって、座り込みをしているのか。

国家を護ろうとして法案を通す人たちと、時の勢いに乗じ、デモという一種のファッションとしてデモ隊に参加してシュプレヒコールを叫んでいる人々とは、まるで責任感に違いがある。何かに叫んでストレス発散したいのなら、国会前に来ず、浦和レッズのサポーターになりスタジアムで大騒ぎをすれば害がないのである。

民衆のデモ隊のなかに野党党首が顔をそろえる議員としての不見識さ

さらに酷いのは、あのデモ隊の中に実に多くの国会議員がいたということだ。民主党の岡田代表、共産党の志位委員長、生活の党と山本太郎と仲間たちという、党名が長いだけのわけのわからない党の小沢代表、社民連の吉田党首などの野党党首たちが、がん首をそろえてデモに参加して大騒ぎをしていたという。

彼らは民衆ではなく、選挙で選ばれた人たちで、国民の代表として国会で議論する側の人たちである。その政治家、しかもそれぞれの党首が、国会に向かって民衆と一緒になり徒党を組んで叫んでいるのは、この世のものとは思えない。彼らは自分たちの行動の愚かさと不見識がわかっていないのだろう。曲がりなりにも、日本の政党の党首であり、彼らを通じて国会が運営されているという事実は、実に情けないことだ。国会で多数決で可決され、衆院を通った法案に対して、民衆のデモ隊と一緒になって「国民の声を聞け！」と、国会議事堂に向かって叫ぶのは、国民が選挙で選んだ国会議員が国民を代表して国会で審議をし、国政を司るという議会制民主主義を否定した行為である。

「戦争法案」という「幻の法案」に叫ぶ民衆

彼等は「戦争法案」に反対して叫んでいるのだが、そのようなものは「幻」であり、実際にはどこにもない。今回の安保関連法案は「戦争法案」ではなく、「戦争抑止法案」である。

覇権主義を掲げる中国政府は、南シナ海で他国領を埋め立て軍事基地や飛行場を建設し、東シナ海では尖閣諸島を自国領と言うばかりか、沖縄も中国のものと言ってはばからない。それればかりではない。中国外務省から流出した２０５０年の日本地図では、日本は中国領土で、西日本は「東海省」、東日本は「日本自治区」になっている。東シナ海の国境線ギリギリの区域には軍事転用できるガス田を12基新設して威嚇を始めている。そして、実際は負けた戦いを「抗日70周年戦勝記念」として、世界中の要人を招いて軍事パレードを挙行している。普通の知能指数なら、中国に危機感を抱くのは当然のことだ。ここ数年の中国の国際法を無視する言動を見ていると、まともな国家とはいえない。

そのまともでない国が海を挟んで日本のすぐ横にあり、反日政策を掲げ、反日教育をして、軍事拡張をし続けているのだから、その危機から自国を護るためには、国連が全ての国に認めている「集団的自衛権」を行使できるように、法整備をするのは当然のことだろう。戦争法案という幻の法案に対して叫んでいる彼等は、滑稽を通り越し、一種の病気に感染していると言ってよいかもしれない。

萬犬虚に吠える

「萬犬虚に吠える」とはこのことだ。一匹の犬が物かげに怯えたか何かして、別に吠える根拠もないのに吠えたら、そこいらの犬どもが皆本気になって吠えだして、何か本物の強盗事件でもあったかの如き事態になってしまったというような意味である。

「最初に「戦争法案」という「虚」に向かって吠えたのは、なぜか国会議事堂に向かって吠えている野党党首たちである。そうすると、連鎖して「左翼コクミン」という近所の犬も吠え始め、とうとう大合唱が始まってしまったというわけだ。「虚」に向かって吠えている犬の集団と一緒である。

「虚」に向かって吠えた教科書問題

同じようなことが以前にもあった。朝日新聞が、文部省の歴史教科書の検定について、検定の過程で「日本軍国主義が中国を侵略した事実について改ざんが行われている。たとえば、華北「侵略」を「進出」と改め…」つまり、中国への「侵略」を「進出」に変えた、と報道した。すると、国内外から「教科書改ざん」と大合唱が始まり、外交問題にまで発展したのだが、よくよく調べてみると、そういった事実は全くなかった。事実を確認することなく、「侵略問題」と各新聞社が一斉に報道したものだから、皆てっきり「侵略」を「進出」に換えたのは「事実」と思い込んでしまったのである。これをもって「萬犬虚に吠える」と言う。

日本人である彼等に言いたい。「ハリーポッター」や「スターウォーズ」の娯楽映画はもういいから、「男たちの大和」「永遠のゼロ」「日本でいちばん長い日」などを観て、日本の若者たちがどういうふうに生き、そして国家のために死んで行ったかを知りなさいと。もっとも、映画を見たらよけい、「戦争反対！」「やっぱり戦争法案反対！」「平和憲法を守れ！」と言いそうだが。

昭和天皇の終戦のご聖断

戦争を終わらせることは、戦争を始めるよりも難しい

１９４５年（昭和20）４月、戦況悪化の責任をとって辞職した小磯國昭の後継を決める重臣会議が持たれた。その会議で後継に推薦されたのは、侍従職の経験もあり昭和天皇から信任が厚かった鈴木貫太郎だった。鈴木貫太郎は総理就任にあたり、国民に次のように呼びかけた。

「私に大命が降下いたしました以上、私は私の最後のご奉公と考えまするると同時に、まず私が一億国民諸君の真っ先に立って、死に花を咲かす。国民諸君は、私の屍を踏み越えて、国運の打開に邁進されることを確信いたしまして、謹んで拝受いたしたのであります。」

鈴木貫太郎は、自分の内閣で終戦に導くという大命を自覚していた。すでにポツダム宣言は発せられていたが、鈴木内閣は、これを「黙殺する」と発表した。「一億玉砕か降伏か」議論は紛糾に紛糾を重ねていた。争点の中心は、ポツダム宣言を受託した時、国体が

護持できるのか、できないのなら一億玉砕の肝《はら》であった。その時点で、すでに日本政府は統治能力を失っていた。

終戦の御前会議

戦況はますます悪化し8月6日には広島に、9日には長崎に原爆が落とされた。さらに日本が和平交渉仲介を依頼していたソ連が、9日に突然宣戦布告してきたのである。

9日深夜と14日にも御前会議（天皇陛下をお迎えしての会議）が開かれた。会議は日本に降伏を求めたポツダム宣言を受諾すべきとする東郷茂徳外相ら3名と徹底抗戦を主張する阿南惟幾陸軍大臣ら3名に分かれた。ここで鈴木首相が前者に賛成すれば、4対3の多数決でポツダム宣言の受諾を決議できるのだが、戦わずして敗北を受け入れることができない徹底抗戦を叫ぶ青年将校たちの暴発は止められないと考えていた。

一方で、鈴木首相は、終戦の決断が遅れれば、ソ連が満洲、樺太ばかりでなく北海道にも進攻しドイツ同様に分割されてしまう、そうなれば日本の滅亡は免れない、相手がアメリカであるうちに終戦の決着をつけなければならないとも考えていた。そこで、鈴木首相は昭和天皇に御聖断を仰ぐことによって終戦に導こうと考えたのである。鈴木首相は静かに陛下の前に進み、大きな体をかがめて礼をしてお願いした。

「遺憾ながら3対3のまま、なお議決することができません。この上は、まことに異例でおそれ多いことでございますが、陛下の御聖断を拝しまして、本会議の結論といたしたいと存じます」

昭和天皇の御聖断

1945年（昭和20）8月14日、再び御前会議が皇居内御文庫わきの防空壕で開かれた。午前11時、天皇陛下が着席され、…その時、天皇陛下は時々、白手袋をした右手を頬に当てながら次のように述べられた。

「私は世界の現状と国内の事情とを十分検討した結果、これ以上戦争を続けることは無理だと考える」

「国体護持（日本の天皇中心の国柄を守ること）。国体の題について、いろいろ疑義があるとのことであるが、私はこの回答文の文意を通じて、先方は平和的、友好的意図を持っているものと解釈する。先方の態度に一抹の不安があるというのも一応はもっともだが、私はそう疑いたくない。要は我が国民全体の信念と覚悟の問題であると思うから、この際(ポツダム宣言の)申し入れは受諾してよろしいと考える。みなもどうかそう考えてほしい。」

…(中略)…

「しかし、自分はどうなろうとも万民の生命を助けたい。このうえ、戦争を続けていれば結局はわが国がまったくの焦土となり、万民にこれ以上の苦悩をなめさせることになり、自分としてはじつに忍び難い。祖宗の霊にも、お応えできない」

「和平の手段にしても、先方のやり方に全幅の信頼がおけないのは当然であるが、日本がまったくもってなくなるという結果に比べれば、少しでも種子が残りさえすればさらにまた復興の光明も考えられよう」

それを聞いて会議の席で皆は涙があふれていた。昭和天皇も、涙をぬぐい続けられた。更に陛下は、どうか私の心持をよく理解して陸海軍大臣は共に努力し、よく治まるようにして貰いたい。

左記は、昭和天皇が昭和20年に詠まれた御製《ぎょせい》(天皇陛下が詠まれた和歌)である。

・爆撃に たふれゆく民の 上おもい いくさとめけり 身はいかならむとも
・身はいかに なるともいくさ とめにけり ただたふれゆく 民をおもひて

「自分の身はどうなってもかまわない。苦しんでいる国民を助けたい」、これが昭和天皇の御心だった。

青年将校の暴発を鎮めた阿南陸軍大臣

御前会議で昭和天皇の終戦の御聖断があったとはいえ、本土決戦を叫ぶ陸軍の青年将校は、戦わずして敗北を受け入れることができず、終戦を阻むためクーデターを起こそうとしていた。まだ内乱の危機は去っていなかった。

昭和天皇の御聖断があった8月14日の深夜、阿南惟幾《あなみこれちか》陸軍大臣は鈴木貫太郎首相のもとを訪れた。

「自分は陸軍の意志を代表して（御前会議で）随分強硬な意見を述べ、総理をお助けするつもりが反って種々意見の対立を招き、閣僚として甚だ至らなかったことを、深く陳謝致します」

鈴木首相は、阿南大臣が最後の別れの挨拶に来たことを悟った。そして、阿南大臣にこう言ったのである。

「私こそ貴官の率直なご意見を心から感謝して拝聴した。みな国を思うの熱情から出たもので、なんら意に介してはおりません。日本のご皇室は絶対に安泰ですよ」

「(ポツダム宣言を受け入れても)陛下のことは変わりません。何となれば、陛下は春と秋のご先祖のお祭りを熱心になさっておられますから」

阿南大臣は強くうなずき、「まったく同感であります。日本は君臣一体となって必ず復興すると堅く信じております」と答えた。

「先祖のお祭り」とは、歴代天皇の遺志を継ぎ、ひたすらに国民の安寧を祈る皇室の伝統である。この御決意がある限り、すなわち、阿南大臣の言う「君民一体」の国体(国柄)は護持できるということである。

いよいよ、御前会議の昭和天皇の御聖断をもとに終戦の詔勅がつくられ、翌8月15日、天皇御自身がラジオで国民に直接呼びかけるという異例の玉音放送がなされた。

阿南陸軍大臣の自刃

一方で阿南大臣はある決意を固めていた。

「一死をもって大罪を謝す」

これは、天皇陛下の戦争を止めるという大御心に背いて、陸軍の最高責任者として、「徹底抗戦」を主張した大罪をお詫びするというものである。阿南大臣は、陛下の「阿南おまえの気持ちはよくわかる。しかし、自分には国体を護れる自信がある」という言葉を信じ、15日未明、割腹自決を遂げた。それは、ただの割腹ではなかった。完全に腹を切り裂くことなく、一晩生きたまま苦しみに耐えながらの自刃だったのだ。阿南大臣の自刃は「終戦の意志は陛下の真実の思いであり、反乱することなく矛をおさめよ」という青年将校たちへのメッセージだった。

かくして、阿南大臣の自刃の姿を拝して、終戦の決断が昭和天皇の御意向であったことを悟った青年将校たちは反乱の矛先を収めたのである。

日本を背負って立つ責任感

「自分の身は如何になろうとも」終戦を決断した昭和天皇、「最後の御奉公」として国民の先頭に立って終戦に導いた鈴木貫太郎首相、自刃によって青年将校の反乱を鎮めた阿南惟幾陸軍大臣。この「日本」を背負う責任感、捨て身の覚悟が日本の奇跡的な終戦へと導いたのであった。

この日本を預かった私達の世代は日本国民として、この日本をどのようにすべきなのだろうか。その先人方に思いを馳せる時、自分の権利ばかりを主張し、国から貰うことばかりを考えている国民、自らの保身を図り言うべきことも言えない政治家、これらがなんとも薄っぺらな生き様に見えて仕方がない。「もらう側」ではなく「与える側」に立ち、国のために何ができるかを考える国民、他国におもねることなく、言うべきは言う「大きな器」を持った哲人政治家の出現が待たれる。

占領軍マッカーサー元帥を感動させた昭和天皇の言葉

昭和天皇の御聖断によって終戦を迎えた日本だが、敗戦、占領、それは日本の歴史始まって以来の経験である。マッカーサー元帥率いる占領軍は、焦土と化した日本に怒涛の如くやってきた。昭和天皇は自分の命を顧みず、マッカーサー元帥のもとを訪問された。時は１９４５年（昭和20）９月27日のことである。

この昭和天皇の訪問の知らせを聞いたマッカーサー元帥の脳裏には、あることが浮かんでいた。第一次大戦直後、占領軍としてドイツへ進駐した父に伴っていった時のことである。この時も敗戦国ドイツのカイゼル皇帝が占領軍のもとに訪れた。カイゼル皇帝は、占領軍に向かってこのように言った。

「戦争は国民が勝手にやったこと、自分には責任がない。従って自分の命だけは助けてほしい」

まさに命乞いに来たのである。これを思い出したマッカーサー元帥は、昭和天皇もまたカイゼル皇帝と同じく命乞いに来るのだろうと思っていた。ところが、昭和天皇の言葉は全く逆であった。マッカーサーは回顧して言う。

「どんな態度で、陛下が私に会われるか好奇心をもってお会いしました。しかるに実に驚きました。陛下は、戦争責任の問題を自ら持ち出され、次ようにおっしゃいました」

『私は、戦争遂行に伴ういかなることにも、また事件にも全責任をとります。また、私は、日本の名においてなされた、すべての軍事司令官、軍人および政治家の行為に対しても直接に責任を負います。自分自身の運命について貴下の判断が如何様のものであろうとも、それは自分には問題ではない。私は全責任を負います』

「これが陛下のお言葉でした。私は、これを聞いて、興奮のあまり、陛下にキスしようとしたくらいです」

「もし、国の罪をあがなうことができれば進んで絞首台に上ることを申し出るという、この国の元首に対する占領軍の司令官としての私の尊敬の念は、その後高まるばかりでした」（「天皇を讃えるマ元帥」昭和39年9月14日読売新聞）

最初、マッカーサーは、ノーネクタイで昭和天皇を迎えたが、昭和天皇がお帰りになる際は、まるで侍従であるかのように敬虔な態度で握手してお車を見送ったのである。昭和天皇はマッカーサーに、この会見の事実は決して他言しないという「男の約束」を交わし別れた。昭和天皇は約束通りその事実を誰にも語られなかったが、１９６４年（昭和39）

になって重光外相の渡米の際、マッカーサーはその時の感動の思いを抑えられず、重光外相に話してしまったのである。

日本の奇跡

「王朝は敗戦を切り抜けることはできない」これが世界の常識である。ドイツ、ロシア、オーストリア、ハンガリー、セルビア、トルコ各国の王室は廃絶され、また一部は処刑された。第二次大戦時も、ドイツのヒトラーは自殺の末路をたどり、イタリアのムッソリーニは民衆にリンチされ死体は何日間も逆さ吊りにされ罵倒、むち打ちされた。イタリアのエマヌエレ三世は民衆の反逆に遭いエジプトに亡命、後を継いだウムベルト皇太子も亡命し王朝は消滅した。また、ルーマニア、ブルガリア、ハンガリー、ユーゴスラビア、アルバニアなども共産政権樹立とともに王室は絶えた。しかし、敗戦した日本には、今でも「天皇」が存続している。これは、歴史の奇跡と言ってもいい。

なぜ「天皇」は存続できたのか。そこには、２０００年にわたる歴代天皇によって受け継がれてきた「天皇の徳」というものがあるからだ。これが日本の国体（国柄）である。

日本国憲法の問題点

不磨の大典と化している日本国憲法

日本とドイツといえば、同じ敗戦国として第二次世界大戦後、ゼロからスタートし、今や押しも押されぬ経済大国として、その実力は世界中の国が認めている。しかし、ドイツでは戦後憲法改正が46回も行われている。しかるに、日本は一度も行われていない。

こうした日本とドイツの違いはどこからくるのか。その最大の違いは日本の平和国憲法にある。『平和』という言葉に浮かれてボヤボヤしているうちに、日本の周辺では、これまで考えられなかった事態が次々と起こっている。これまで戦後70年にわたって、日本人の大半がひたすら信じ、かつ謳歌し続けてきた『神話』が崩れ始めてきたのだ。そんな神話が崩れた結果、最近になって、日本の国会でも憲法改正の論議が出てきた。

この憲法改正論議と核開発推進論は、決して犯してはならない聖域にあった。いや、核については今もタブーかもしれない。世界唯一の被爆国として「核」開発論議どころか、「核」は廃絶以外に選択肢がないかの如き扱いである。その延長線上に反原発運動がある。

他方、憲法改正は核と違い、論議する環境が整ってきた。安倍首相は憲法解釈の変更で安保法制を急いでいるが、本来は憲法改正をしたいはずだ。以下に、現憲法の抱える問題点を浮かび上がらせながら、何故、現憲法を改正しなければならないのかを指摘していきたい。

今日に至って改憲派は、戦後憲法はアメリカによる押し付けだと批判する。かたや護憲派は、日米合作の平和憲法という。しかし、「押し付けとか」「合作とか」いう以前に、近代憲法としての正当性を持っていない。原則として現在の憲法は無効であると主張する京都大学名誉教授・佐伯啓思氏ははっきりと言っているが、私も同感である。

具体的には、憲法前文に始まり、次の2点から問題点を洗い出したい。

日本国憲法前文の問題点①

そもそも現行憲法の前文は、主権ある国としてありえないことだが、連合国に対する「わび状」になっている（日本国憲法の前文を読む）。

前文に、「平和を愛する諸国民の公正と信義に信頼して、われらの安全と生存を保持しようと決意した」とあるが、平和を脅かし「公正と信義に信頼」できない国が存在している事実に、この前文は答えていない。中国や北朝鮮などは、平和を愛していない諸国民であるし、国際法を平気で無視する公正と信義に信頼できない近隣国が現に存在している。また、「われらは、平和を維持し、専制《せんせい》と隷従《れいじゅう》、圧迫《あっぱく》と偏狭《へんきょう》を」という、この言葉の意味が分かりにくい。専制と隷従・圧迫と偏狭とは、これは少数の人間が、権力を背景に身勝手な支配を行うな。上位者の言いなりになり、勢力を伸ばして押さえつけるような行為は、考え方が狭くて偏っているという意味で、実は、戦勝国の「お叱り」なのである。

そして、「地上から永遠に除去しようと努めている国際社会において、名誉ある地位を占めたいと思う」これで名誉ある地位が得られると思えるだろうか？　さらに「全世界の国民が、等しく恐怖と欠乏から免れ、平和のうちに生存する権利を有することを確認する」この「全世界の国民」がとは、いったい何処の国の憲法なのか？

「全世界の国民」ではなく、「日本国民が平和のうちに生存する権利を有することを確認する」なら分かる。これは自国に言っているのではなく、戦勝国に対して、もう二度とあんな戦争は起こしません。どうか許して下さい。これまさに「お叱り」に対しての「わび状」である。これは憲法ではない。

こんな屈辱的な前文から始まる憲法が今も日本国を支配しているのだ。戦後レジュームからの脱却を提唱するなら、憲法改正か憲法廃棄をして新憲法を作成する以外にない。

日本国憲法の前文は、意味不明で何を言っているのか分かりにくい

前文では、日本の安全は『平和を愛する世界の諸国民の公正と信義に委ねる』としている。これに対して、1946年（昭和21）7月9日、衆議員の委員会での吉田茂首相の答弁が、「わが国といたしましては、平和愛好国の先頭に立って、我ら自ら率いて、積極的な精神もこの中に籠っているのであります」？と意味不明のことを述べている。

また、国務大臣の金森徳次郎氏の答弁でも、「平和を祈願する前文から出発いたしまして、我々は軍隊を持たないということを憲法の中に規定するが、すれば、いかにして我らの安全と生存を、保持すべきかということが当然起こるが、我らの安全と生存と言うものは、必ずしも武器でなければできぬという訳ではないのであります。この憲法全体の中に、含まれている趣旨がそれである訳であります」

これも、何を言っているのか意味不明で、本当に国防を真面目に考えているのかと言いたい。この前文が基となって9条ができてくるのだ。

連合国の諸国民は平和を愛していたのに、一方的に日本が戦争を仕掛けてきた

私に言わせれば、これ全く逆だ。東南アジアの人々は、「平和のうち暮らしていたのに、欧米人によって植民地化され、平和を破壊され、専制を行われ、隷従をしいられ、アジアの諸国民は、圧迫と偏狭を強制された。」これが正しい歴史観である。それがいつのまにか、日本が平和を破壊し、専制を行い、隷従と圧迫と偏狭を強制したことになっている。

大東亜戦争とは、アジアの同胞を解放するための「大東亜共栄圏」構築のための戦争であった。それが証拠に、戦後アジアの諸国民は白人による侵略から解放され、独立国家としてスタートできたではないか。無論、日本が戦い、アジアから白人を駆逐して追い出したからだ。

大東亜共栄圏構想がなく、日本が全世界相手に戦いを挑むことがなかったなら、今だ間違いなくアジアの民は植民地支配の中で苦しみ抜いているということだろう。日本はアジアの解放を目的に戦争をしたが、それは「聖戦」だった。どれだけ賞賛されてもおかしくない「正義」の行為のはずであるし、実際、東南アジアのほとんどの国は日本に感謝し、その謝意をこぞって述べている。だから日本人は、真実の歴史を勉強し、誇りを持っていきたい。

しかし、その評価は憲法からして逆である。なぜなら、戦勝国が立案し押し付けた憲法だからだ。占領軍が作成すれば、当然のことながら、あちらに都合のよい憲法を作るに決まっている。他国の憲法を戦勝国が作成するのは国際法違反なのだが、戦勝国はやりたい放題だった。その結果、胸を張り、誇りを持つべき日本人は、逆に卑屈になり自虐的になっているという摩訶不思議なことになっているのだ。それを破壊しないと、真の日本の復活はありえない。

日本国憲法の前文の問題点②
主権在民を謳いながら天皇制の規定から入っている。
民主制と君主制が混合して分かりにくい

現行の日本国憲法の前文は、英語から翻訳されたもので、非常に分かりにくい悪文になっている。現憲法の前文では民主制と君子制が入り混じっていて、非常に分かりにくい。

憲法前文で「主権在民」と強調している。であれば、天皇制も国民の投票で決めなければなるまい。その第一条に、「天皇は、日本国の象徴であり日本国民統合の象徴であって、この地位は、主権の存在する日本国民の総意に基づく」となっている。しかし実際は、国民投票を経ていないので、国民の意思は反映されていない。

象徴天皇については、「憲法読本」の著者・杉原泰雄氏は「天皇が日本国の象徴だという規定は、天皇が象徴以外の役割を果たしてはならないという意味です。権力の行使という役割を果たさず非政治的な存在でなければならないということです」

「このために天皇は、この憲法の定める国事に関する行為のみを行い、国政に関する機能を有しない」（第四条一項）とされ、天皇の国事行為の全てについて内閣の助言と承認が必要とされている。」…中略…「ほぼ形式的儀礼的なものです」

「天皇はあくまで象徴であって、元首ではないから、外国との関係で日本を代表することはできません。外交関係を処理するのは内閣です」。と書いている。参考までに「元首」とは「国家の頭」・「国家の首領」ということである。

だから外国から見たら、誰が元首なのかわからない

外国から見た天皇陛下の位置づけはわかりにくい。天皇は王様でもないし、大統領でもない。日本の象徴ではあるが、元首でもあるようなないような、政治的権力もありそうでない。しかしながら、頂点に君臨している。「天皇陛下は、日本の何なんですか。天皇陛下は、日本の元首なのか、それとも日本の相談役なのか、一体何なのかわからない」。だいたい、諸外国はこう思っている。理解できないというのが本音だろう。

自国の安全と生存を他国に委ねている

自国の安全と生存を他国に預けているのが日本国憲法だ。明らかにおかしい憲法である。「日本は自主防衛する気があるの」「ないのだったら、米国も助けようがない」。同盟国であるアメリカが分らないと言っているのだ。米国に安全を丸投げしてもらっても困るし、あり得ないことだと思っている。憲法成立時のことなど今のアメリカ人には関係ないことだし、そのような知識もない。だから、今の日本を理解することはできない。

日米安保条約は片務条約になっていることくらいは知っているけれども、実際に運用することは難しいと思っているはずだ。そんな都合のいいことが通用するはずがない。「中国が台湾に攻撃を仕掛けてきたら、自衛隊はどうするんですか？」「北朝鮮や韓国が日本を攻めてきたら、米軍の家族を助けてくれるのですか？」と言っているように、同盟国として安全保障を結んでいるから、アメリカが一方的に護ってくれると言う考え方は、あまりにも身勝手だということなのである。それはそうだろう。

自国はやはり自国で守る意思があって、はじめて同盟国は協力してくれるのである。要は対等の立場で防衛を考えてこその同盟であり、安全保障条約なのだ。「国防と治安」は政府の責務のはずだが、日本の政治家には意識が薄い。尖閣諸島や竹島を守るのは米軍ではなく日本の自衛隊である。これが国際法で認められた普通の国だ。

日本国憲法第9条の問題点について

日本国憲法は、アメリカ軍が中心とする連合国占領下の最高司令官マッカーサー元帥の下、異常な状況の中で成立した。ＧＨＱは日本側が提示した試案を全て否定し、一方的に秘密裏に書き上げた。特に第9条においては、「フィリッピン憲法」をそのまま日本に持ち込み、1週間で書き上げたものを押し付けたのである。これを「マッカーサー草案」という。戦勝国によって他国の憲法を押し付けることは、これは明らかに国際法に反するものであり、当時の日本政府は、当然、抗議したが全て否定された。

そして、連合国軍最高司令官総司令部（GHQ）では、日本国の戦争と軍備の放棄の画策が行われていて、憲法草案の起草する際に、守るべき三原則として、最高司令官ダグラス・マッカーサーが、ホイットニー民政局長（憲法草案起草の責任者）に示した「マッカーサー・ノート」に示されている。その三原則のうち第二原則（憲法第九条になる元）の原文を邦訳すると、「国権の発動たる戦争は、廃止する。日本は、紛争解決の為の手段としての戦争、さらに自己の安全を保持するための手段としての戦争をも放棄する。日本はその防衛と保護を、今や世界を動かしつつある（アメリカの）崇高な理想に委ねる。日本が陸海空軍を持つ権利は、将来も与えられることはなく、交戦権が日本軍に与えられることもない」。

とても独立国の憲法条文とは呼ぶことができない滅茶苦茶な草案だが、マッカーサー・ノートに沿って現日本国憲法の骨格は決定した。

この指令を受けて作成された「マッカーサー草案」の原案には、次の条文が含まれている。

（外務省の仮訳では、第二章「戦争の廃止」）

第九条・「戦争を国権の発動と認め、武力の威嚇又は行使を他国との間の争議の解決の手段とすることは永久に之を廃止する」

「陸海空軍其の他の戦力の保持及び国の交戦権は之を認めず」

「政府原案」の「憲法改正草案」には、第二章・戦争の放棄

第9条・第一項・「国の主権たる戦争と、武力による威嚇又は武力の行使は、他国との間の紛争の解決の手段としては、永久にこれを放棄する」

第二項・「陸海空軍その他の戦力は、これを保持してはならない。国の交戦権は、これを認めない」

1946年（昭和21）6月25日に、芦田均が委員長を務める衆議員憲法改正委員会において、ひそかに書き加えていた九条の第一項の冒頭に、「日本国民は、正義と秩序を基調とする国際平和を誠実に希求し」の文言と、第二項の冒頭にも「前項の目的を達するため」の文言を入れる修正が加えられた。いわゆる芦田修正で、次の条文となっていた。

日本国憲法・第二章、第9条・戦争の放棄

第一項・「日本国民は、正義と秩序を基調とする国際平和を誠実に希求し、国権の発動たる戦争と、武力による威嚇又は武力の行使は、国際紛争を解決する手段としては、永久にこれを放棄する。

第二項・「前項の目的を達するため、陸海空軍その他の戦力は、これを保持しない。国の交戦権は、これを認めない。

結局、この条文が最終的なものとなった。マッカーサー草案から翻訳され、幾多の変節を経て第9条ができ、現代の日本をいまだに縛り上げているのである。

その後、第9条は、「芦田修正」により、憲法解釈（解憲）が可能となる。

第一項の「正義と秩序を基調とする国際平和を誠実に希求し」を加え、さらに第二項の「前項の目的を達するため」を追加することで、「前項の目的が達成されない場合は、戦力の保持と国の交戦権は認められる」といった、あやふやながらも解釈できる憲法になった。

以上のように、第九条の問題点は、個別的にどこが問題というようなものではなく、憲法の前文から第九条の全てが問題なのである。日本国憲法の前文に「平和を愛する諸国民の公正と信義に信頼する」と謳っているが、中国や北朝鮮が公正と信義に信頼できる国なのか、ここが問題である。前文からして矛盾だらけだ。

国家の究極的役割は、独立と国内の平和を維持し、国民の生命、財産、安全、自由を守ることにある。ところが、戦力保持を禁止した憲法の下で、わが国は自衛のための軍隊さえ持っていない。そのことが近隣諸国の軽侮《けいぶ》を招き、北方領土、竹島等の国有の領土の不法侵略や尖閣諸島海域での狼藉をも許すことになっているのである。

世界で例を見ない平和憲法と称している日本国憲法が、世界で例を見ない国滅憲法になっている。いわゆる、これは「空想的な一国平和主義憲法」という以外にないと思う。世界１８８ヶ国中１５７ヶ国の憲法で、平和主義条項が設定されている。従って、日本国憲法のみを平和主義憲法というのは、空想的な平和主義であり、全くの嘘である。

その一方で、「国家緊急権条項」を欠く憲法第９条は、日本以外の国の憲法に殆ど見出すことはできない。国家の平和推進と有事対応は、憲法上表裏一体の関係というのが、各国の共通認識なのである。また、70年間一度も改正されていない日本国憲法は１８８ヶ国中、一国もない。そういう意味でも実に恥ずかしながらも世界で一番古いカビの生えた憲法といえる。

また他方では、日米同盟に安住しアメリカへの精神的従属から脱却できない日本がある。いまだに政治的独立もできない半独立国日本は、憲法改正を急がねば、取り返しのつかない事態になるだろう。「憲法護りて国滅ぶ」となるに違いない。

3章

外患に負けぬための講座

日中戦争はあるか

平和ボケ日本

世界の歴史は、近隣諸国との戦争の歴史と言っても過言でない。「フランスvsドイツ」「インドvsパキスタン」「イスラエルvsアラブ諸国」「イランvsイラク」「ロシアvsバルト三国」そして「日本vs中国」というように、一方の国力が強くなるに従って時の為政者は領土拡張欲が高まり、近隣と戦争状態となることは歴史の鉄則と言ってもよいだろう。

戦争勃発の前提は片方の国が相手国より「国力が強くなる」ということだ。軍事力の均衡が破れたら近隣諸国を攻めるというのが常識だった。今の中国は国力が高まり、嘘でも世界第二位の経済大国であり、ここ20年以上年率10％超の軍備増強をやり続けている大国である。単なる大国ではなく軍事大国だ。それに対し、日本の軍事費はＧＤＰ１％枠という鼻輪を自ら勝手にはめており、その肝心のＧＤＰは失われた20年のなかで、５００兆円からまったく増えず、ずっと４００兆数千億円～５００兆円の間で推移している。軍事にかける費用は全く増えてないどころか、自衛隊の隊員数を減らしてきた。

他方、米国は50兆円もの軍事費をかけていたが、財政赤字解消のため年々軍事費を減らすことが米国議会で議決され、軍備縮小の方向に動いている。核ミサイルを減らす、空母も減らす、兵隊の数も減らす、基地は縮小撤退する。両者の動きは両極端、正反対である。

それでも、米国は世界一の軍事力があり、その地位は今のところ不動であるものの、軍事拡張主義の中国、軍事縮小主義に傾く米国、その狭間で右往左往する日本という構図がある。この延長線上に何が待ち受けているかは、普通の頭脳の人間であれば読めるはずである。その先には崖が待ち受けているのであり、間違っても平和などあろうはずがない。

「普通の頭脳で」とあえて表現したのには意味がある。平和ボケした人たちが多数を占め、軍事知識が欠如している人達が一番幅を利かせているからだ。日曜の朝ＴＢＳの「サンデーモーニング」を観ていたら、平和ボケ平和主義者が次から次に出てきた。そして視聴者を言論誘導してい。何もわかっていない国民はマスメディアから流れる情報を真に受け踊らされている。70年間平和は続いたのだから、今後も未来永劫平和は続くと信じ切ってしまっているのだ。ミサイルが日本に飛来し都市が破壊されるなど、とても考えることができなくなっているのである。

確実に戦争は近づいている

左翼平和主義者は踊る。「過去は確かに戦争の歴史であったが、今は21世紀。人類は世界大戦を二度も経験し戦争の悲劇、悲惨さを経験し学習したではないか。国連も機能しているし、グローバルエコノミーで世界が一つになっているなか、一方的に戦争を仕掛けたら、世界中から経済制裁を受けたり国際連合軍（U．N．F）を形成し軍事力も行使することさえもあるので、戦争抑止力が働いていて、もはや大規模な戦争は過去の遺物だ。小規模な戦闘や地域紛争や小競り合いはあっても、世界大戦のような大規模な戦争が勃発することは考えられない」と、こう反論するのが定石だ。絶対平和主義思想からバイアスがかってしまい、もはや現実が見えなくなってしまった人々である。

戦争は過去の遺物などではない。人間には残念ながら動物性がある。動物性というのは、強いものが弱い者を支配するという弱肉強食のことである。そうなってはならじと、人間が人間たらしめるための「愛」や「慈悲」を説く聖人達が現れた。それが釈迦、キリスト、孔子、ソクラテス四聖をはじめとする数多くの宗教家である。彼らは人類を導いてきたが、残念ながらまだそこまで人類の意識レベルは到達することができず、現在の国際情勢を作り上げている。筆者はまだまだ当分「戦争」はなくなることはないと思う。いや、むしろ戦後70年が経過し大規模な戦争が今はもっとも近づいている時であるという見方をしている。

その主役は二国。一方の主役は中東のイスラエル、もう一方は東アジアであり、主役は言うまでもなく中国である。地球上には今二ヶ所の火薬庫があり、同時並行して同時期に緊張が高まってきており、平和が音をたてて崩れようとしている。今回の論考は中東問題はテーマ外なので東アジア問題について述べることとする。

中国の領土的野心は限界がなく、近隣諸国を力で奪っていった歴史である。そして、今も近隣諸国の領土を強引に奪おうとしている。南シナ海南沙諸島、西沙諸島をフィリピンやベトナム、マレーシアから奪おうとしている。他国の領土に勝手に入ってきて、中国領土と主張し、埋め立て3000m級の滑走路をつくり、軍事基地をつくっているのだ。

ところが、日本の新聞にはその詳細は掲載されない。南シナ海の緊張は日本の死活問題であり、本来トップニュースとして配信されなければならない情報であるのにもかかわらずだ。

そこは日本の石油が入ってくるシーレーンであり、そこを中国の海にされた暁には、先の大戦と同じ構図が出来上がるというとんでもない大問題なのである。先の大戦が始まるきっかけは、ABCD包囲網をつくられ石油が入ってこなくなったのがきっかけだった。

南シナ海の緊張はフィリピンにとっても、ベトナムにとっても、日本にとっても大問題である。対岸の火事ではない。

東シナ海問題

一方、東シナ海では日本との尖閣諸島問題という領土問題がある。尖閣諸島近海に海底油田があることが周知の通り発見されてから、突如中国領を主張したわけである。台湾問題もある。北京政府は台湾も明確に中国領と主張しているし、法律も整備している。そのうえ、沖縄までも中国は捕りにきている。中国は沖縄も中国領の「琉球」であり、日本に占領され実効支配されている島であるという認識を示しているのだ。

こういった現実を前に、今後も戦争など起きるはずがないと思っている人がいたら、それは知能指数の問題ではなく、敵が迫ってきているのに、その現実を受け入れることができず、見たくないものを見ないとする「駝鳥の幸福」を貪っているからである。

南シナ海問題に戻るが、中国本土から１０００㎞も離れた、明らかにフィリピンの領海にある島にズケズケと踏み込んできて軍事基地をつくり、いつでも攻撃できるようにして全く紛争も戦争が起きないはずがない。東シナ海に浮かぶ尖閣諸島に中国軍が突如入ってきて滑走路をつくり、軍事基地をつくったら、規模の大小はともかく、さすがに日中紛争は起きることだろう。それと同じレベルのことが南シナ海で起きているのだから、戦闘が始まるのは時間の問題である。

フィリピンは危機を察知し、追い出した米国と再び軍事協定を結び防衛に入っているが、両国間で戦闘が始まれば、台湾、日本、アメリカいずれかの西側諸国も参戦する可能性が高いはずである。日本はフィリピン、ベトナムと軍事同盟は結んでいないものの、自衛隊を派遣して軍事訓練をしている関係だ。シーレーン防衛のためにも何らかの援護を行うのではないだろうか。安倍首相が急いで法整備した集団的自衛権の行使する日が近づいている。

集団的自衛権の法整備を急いでいるのは、日本に危機が近づいていることを察知し、憲法改正せずとも憲法解釈の変更という苦肉の策で、自衛隊が動きやすくなるように動いているのだ。安倍首相は本気で国民の安全と生命と財産を守ろうとしている。日本は戦争を好まない国ではあるが、未来を縁起の理法で見通す限り「戦」の一字を避けることは不可能である。近い未来、必ず中国とは交戦状態になることは必定だ。その時、中国に住む13万人の日本人の運命は風前の灯である。

米国はすでに察知して米国企業や米国人を本土に引き上げさせているが、能天気な日本企業は経団連が推し進めて来た中国シフトを大方ストップさせ、東南アジアシフトに変更したものの、まだまだ数多くの日本人が中国でビジネスをしている。その家族子弟も生活している。おそらく、大変な混乱になることが予測されるのである。

経済成長、バブル崩壊、どちらに転んでも損しない中国

中国バブルは崩壊している。それは日本同様不動産バブルの崩壊から始まっている。経済成長率も鈍化し、もう8%の経済成長率を維持することは困難な段階にまで落ち込んでいる。中国は7%台の経済成長率ではマイナス成長であり、失業率は増え、政府への暴動は増える一方だ。ごまかせない電力消費量や貨物輸送量の推移から分析を加えると、中国経済の成長率の実際は4%台とする見方さえある。

では、経済が崩壊した後に中国は軍拡を止め、おとなしく行儀がよくなるかというと逆だろう。中国政府は人民の目を外にそらすために仮想敵国が必要となる。となれば反日キャンペーンをいっそう激化し、日中関係はさらなる危機を迎えることになる。逆に景気

が良いと、今まで以上の軍事拡張を行い、遂には日本の軍事力との差は10倍という日を迎える。つまり、中国の経済成長率が減速しても加速しても、日本は危機を迎えることとなるという訳である。

今なら、通常兵器による争いに限れば、日中戦争が勃発しても兵站の問題さえクリアすれば勝利できる軍事力を有してはいるが、もう数年後は軍事支出の額は差が開く一方で、危険水域を突破する時が必ず訪れるはずである。10倍もの軍事力の差となると、歴史の法則がはたらく。そう、近隣を軍事力で獲る行為に及ぶということだ。

財政難の米国は以前の米国ではなく、もう完全に同盟国として全幅の信頼ができる国家ではなくなってしまっている。よって、日本防衛のための再軍備が必要なのである。最低でも、医療にかけている30兆円と同水準（最低でも今の倍額以上の水準）の軍事費を拠出し、軍事兵器や自衛隊員を増強しない限り日本の運命は中国に握られてしまう日が訪れるかもしれない。

左翼が叫ぶように、軍事力があるから戦争が起きるのではなく、軍事力があるから戦争を抑止することができるのである。すでに目に見える危機を迎えている段階でのＧＤＰ５兆円規模の防衛予算ではお話にならない。

隣国に他国を侵略する意図満々の軍事大国があり、自国を防衛する自己保存欲求がある限り戦争は起きるものだ。歴史の法則からしても、残念ながら「日中紛争か、日中事変か、日中戦争か、戦闘規模は分からないが必ず近未来に勃発する」「おそらく避けることはできない」それが本論考の答えである。

一国平和主義の日本の平和が音をたてて崩れる日が近づいている。国会で野党党首による集団的自衛権の代表質問があったが、この期に及んで質問内容が滑稽としか言いようがない。実に幼稚であり、見識がなさすぎる。政治家に求められる軍事知識がなく、危機から目を背け「ダチョウの幸福」を貪る政治家が国を亡ぼすのだ。

平和は憲法９条により保障されるのではなく、紛争予測国と均衡するか上回る「軍事的抑止力」が存在して初めて保障されるものである。リアリスティックな目を持つ政治家がいない限り日本の運命は風前の灯火だ。今、日本はゆっくりと、しかし確実に進路を変更していっている途中だが、動きは遅々たるもので大幅に遅れをとっていりる。夕暮れ時は迫っている。焦らず急がねばならない。

革命中国の本質

ウソの抗日戦勝70周年の軍事パレードで観える中国の狙い

抗日戦勝70周年の軍事パレードを開催し、世界的に宣伝する中国は、あたかも戦勝国のように振舞って軍事力を拡張している。そして、抗日戦勝記念パレードを借りたもう一つの狙いは、強大な軍事力を世界に対して誇示することであったのは言うまでもない。そもそも戦時中は「中華人民共和国」など存在していなかったのに、習近平は世界中に対して恥知らずにも抗日勝利を訴えた。当時存在していたのは蒋介石率いる「中華民国」であり、中華人民共和国など地上に存在していなかった。

日本が中国と戦ったのは、「中華民国」であって、現在の「中華人民共和国」は、1949年、戦後4年後に成立した中国共産党独裁政権、毛沢東国家主席が建国した新しい国家だ。現在の中国を生んだ「中国革命」を指導したのは、中国人民解放軍最高司令官、毛沢東率いる軍隊であり、紅軍、八路軍、新四軍、野戦軍と、その名前を変えて発展してきたものだ。戦後の1948年から1949年にかけて、毛沢東は内戦に勝利した結果、共産党が支配し国を建て、現在に至っている。その時代遅れの毛沢東路線を継承しようとしているのが、現代の習近平国家主席である。その背景にあるのは、世界制覇をもくろむ中国共産党の存在だ。

孫文の「辛亥革命」に協力した日本政府

過去に、日本政府と孫文との間で取り交わした条文がある。日本政府は中国の政治不安を孫文に託し、孫文の「辛亥革命」で漢民族及び他民族をまとめ統一国家を作るなら、日本政府としては出来る限りの援助は惜しまないと約したものだ。そういう約束の下に、多くの中国人を無料で留学させるなど援助を惜しまなかったが、孫文は日本との約束を破り、中国とは漢民族のことであり、他民族は全て敵であるとして、ことごとく抹殺しようとした。中国全土は軍閥と争乱と馬族や軍族の反乱、強盗略奪が拡大したため、日本政府は援助を打ち切るしかなかった。今も昔も中国がまともに約束を守った例がない。

当時の国際秩序への挑戦者はソ連共産党の指導者スターリンで、そのスターリンのコミンテルンに翻弄されていたのが、孫文亡き後の中国の指導者、蔣介石であった。ここでついでに言っておくが、戦後70年安倍談話の下りで「国際秩序への挑戦者となった日本…」

などと国際社会に対してアベコベの歴史観を述べてしまったが、笑止千万である。日本は国際秩序を破壊しようとしたその勢力に対して高らかにノーと宣言し、秩序回復とアジアの同胞の解放のために戦った正義の国であって、悪の中軸は欧米列強の帝国主義であり、国際秩序への挑戦をしようとしていたのは、まぎれもなく台頭してきたソ連共産党であった。話を戻そう。近現代歴史研究家の水間政憲氏は次のように語っている。

「その蒋介石の中華民国政府は、日本は円借款でおよそ3億円、現在の貨幣価値からいえば、約3兆円にも上る巨額の債権を踏み倒していた」

「元々、中華民国政府（孫文）は親日的であったが、孫文亡きあと蒋介石は共産主義者に転じ、親ソ的反日政策をとるようになっていた」

日本を戦争に引きずり込んだ蒋介石

水間氏は続けて、「それでも、日本は中国の財政状態に配慮して、慎重な対中国政策をとっていたため、その足元を見て、日本を戦争に引きずり込むため、蒋介石はさまざまな虐殺・殺傷事件を繰り返して挑発してきた。それでも日本は我慢強く「隠忍自重」していたが、蒋介石は、昭和7年の第一次上海事変時に締結した「上海停戦協定」を一方的に破って、1937年（昭和12）8月13日、上海の日本租界を突然攻撃してきた。これに日本軍は応戦して「シナ事変」が起こった。これが日中戦争の原因である。

そして、「法治国家である日本は、同年8月17日に閣議決定を行い、1937年（昭和12）8月13日を『シナ事変』の起点とした」と、水間氏は「歴史通」9月号に書いている。

さらに、南京虐殺の捏造に対しても、「シナ事変突発の翌日、8月14日に松井石根大将が『上海派遣軍司令官』に任命された。松井大将は、上海で次のような訓令を出している。『上海付近の戦闘は、もっぱら我に挑戦する敵軍を制圧するを旨とし、所在の四那官民に対しては務めてこれを宣撫《なだめ》愛護すること』。この言葉からも、シナ事変の応戦から連なる日本軍の中国進出は国連の「ＰＫＯ」平和維持活動と同じように治安維持が最大の目的だったことが分かる。

ましてや日本は、当時の中華民国とは違い、現在の中国共産党（中華人民共和国）とは、一度たりとも戦ってはいない。なのに、「抗日70周年記念」とは、世界史を捻じ曲げる行為である。言うなれば、よその国の戦勝記念を自国の勝利として大々的に軍事パレードをしたのである。これは、何かの冗談かパロディーであろう。

如何であろうか。泥沼の日中戦争を引き起こしたのは日本ではなく中国であったのは歴史的事実である。然るに、現代の政治家はこのような真実を知らないか如きの振る舞いをして、中国に反論する言葉を有していない。愚かである。

しかし、そんなに甘くもない。中華民国の中国軍が日本軍に歯が立たず逃げまどっていたこと。フランスも中国も戦勝国として国連に名を連ねているものの、アメリカを中心とする連合軍がドイツ、日本を降して解放された戦争の弱い国であったことを世界中は知っている。さらには、現代の共産中国が日本軍とは戦ったことがないことを、世界中の知識人は知っているので、あのような歴史のねつ造と大言壮語をはく習近平は、その日ピエロと化していたのであった。まさしく世界中の笑い者である。悲しいかなそれが分からぬは本人だけだ。

「平和」の陰に隠された「歴史戦」の刃

これまでの軍事パレードは、10月1日の国慶節といわれる毛沢東により建国が宣言された日に行われていたが、戦後70周年の2015年は、「対日戦勝記念日」である9月3日に、抗日戦争ならびに世界反ファシズム戦争の勝利をテーマにパレードが行われた。中国外交部によれば、この軍事パレードで中国が発しているメッセージは平和であり、中国は世界平和と地域の安定を維持するために、自らの貢献を果たすことを伝えたものとされている。当然これは表向きの言葉でしかない。

あの国は、日本が軍国主義で、過去、我々を苦しめた。それに対して何の謝罪もしていないと、事あるごとに歴史問題を出しては謝罪を要求してきたし、今もしている。首相や閣僚が靖国に参拝する度に、「靖国神社参拝反対」とかいって、首脳会談も条件付きでないとやらない中国や韓国という国は、謝罪すればするほど調子に乗り、いくらでもゆすりたかりをエスカレートしてきた。

首相が自分の国の宗教施設に行くことに外国が文句を言うのは、内政干渉を否定した条約に反するどころか、宗教干渉になる。イラクに内政干渉したアメリカでも、イラクの宗教には干渉しなかったというのにだ。宗教干渉というのは、ウェストファリア条約に反する重大な国際法違反である。他国の宗教に干渉してはならないということは世界の常識だが、中国や韓国にはそれが通じない。

中国には、日本と違って死者を辱める風習がある。「千古罪人」と言う言葉があり、一千年の後でも罪は洗い清められず、罪人は何千年経っても罪人のままだという意味だ。死んでしまえば誰でも仏様に成るという、悉皆成仏思想の日本の考え方とは大きな違いがある。渡部昇一氏は、「日本とシナ１５００年の真実」で書いている。

「言うなれば、あちらは『恨みの文化』、一方こちらは『許しの文化』だ。どちらが神の心に近いかは言うまでもない」

例えば、「宋が攻められたときに、平和的に対処しようとして殺された、秦檜《しんかい》という政治家がいた」

「その墓（像）が現在も在るが、それに唾をかける事に成っている」

「墓は中国人のはいた唾でドロドロになっているという」

「何百年経っても唾を吐きかけ続ける、そういうお国柄なのだ。日本人にとっては違和感がある」

「西郷隆盛は逆賊として死んだ。しかし上野の像に唾を吐きかける日本人は一人もいない。いわんや戦争で死んだ人の責任を、戦犯扱いするという概念そのものがナンセンスである」

「中国人は他人の罪は絶対に許さないけれど、自分のやった罪は忘れてくれと、都合のいいことは臆面もなく言う」

また、ウソをつくのは頭のよい証拠で、ウソもつけない人間は頭が悪い証拠だと自慢する。そこに、正直、誠実、礼節を基本とする日本的伝統的価値観は通用する余地もない。

歴史の無知が付け入る隙をつくってきた

そういう中国人であるが、日本と戦った蒋介石も、現北京政府の先輩に当たる毛沢東、周恩来も、鄧小平も、靖国神社を問題にしなかった。それが、江沢民が国家主席になって急に言い出したのである。その原因は、一部の日本人にもある。北京からの文句に共鳴板のように、反応する日本の新聞（朝日）にもある。

また、日本より会社の利益を優先して考える実業家もいる。日本国旗を奪われて平気な親中派の伊藤忠出身の駐日大使もいた。北京から招待を受けたら、ヘイコラと出かけて行きペコリ外交する政治家もいる。真実でもないウソの南京大虐殺を真実であったとして、土下座する政治家もいる。中国にのこのこ出かけて行って南京大虐殺記念館を夫婦で参拝し、改めて謝罪する元首相もいる。下半身の写真を撮られ、何も言えない政治家や官僚たちもいる。それらの人達に一貫しているのは、歴史に無知なことだ。

日本が、日清、日露戦争や満州事変、そして上海事変、日中戦争、大東亜戦争と、多くの犠牲をはらって守ろうとしたのは、共産主義の台頭の脅威からである。冒頭にも書いたが、当時の世界秩序を乱していたのは、ソ連の共産主義勢力と、欧米列強の白人優位説と有色人種排除政策であって、特にアメリカのアジア民族（日本）に対する排日政策を、昭和天皇は「独自論」で「この大戦の原因はアメリカの排日移民法である」と発言されている。

そうした真実の歴史認識すら忘れて、いや、勉強せずに、共産主義独裁政権である中国に対して、朝貢外交を繰り返している姿を見て、先人達は涙を流しているであろう。

数字上では日本を抜いてＧＤＰ世界第二位の経済大国なった中国は、アフリカ大陸の発展途上国のために莫大な金額を援助したり、中国の会社が進出したりしている。しかし、本当の狙いは、石油や天然ガスなどの豊富な資源確保にある。決して人道支援などではない。いずれはアフリカ各国を乗っ取り「植民地化」しようと企んでいる。

中国は同じやり方を、中東や南太平洋諸国にも行っているし、ロシアのシリア空爆開始に及んで、ロシアと共闘してシリア内乱に介入する隙をうかがってさえいる。今度は中東にも楔を打ち込もうとしている。これも世界制覇という、時代錯誤の帝国主義政策を推し進めている北京政府のワンピースである。

では、中国とはいったいどういう国なのかを、最低限の基礎知識くらい持たないと日本は滅ぶ可能性もある。中国は民主主義の国ではなく、共産党による一党独裁の共産主義国である。歴史的にも民主主義的なる統治をした時代など一度足りとてない。「中国四千年の歴史」とよく聞くが、それは中国大陸全体のことであり、現在の中華人民共和国は、大戦後１９４９年、蔣介石の国民党と毛沢東の共産党の内戦の末、勝利した毛沢東が、中華人民共和国を成立を宣言して現在に至っている。歴史の浅い国なのだ。

中国の歴史は戦争と革命の歴史である。現在中国を支配する漢民族が継続的に覇権しているのではない。満州人やモンゴル人に支配されたことは何度もある。しかし、他民族が漢民族を支配した時の英雄も何故か中国の英雄として祀り上げるという、理解しがたい習性があるので、外国人にはその感覚が分からず、ついつい一つの中国の王朝が連綿と続いているかの如き錯覚が起きるのだ。

毛沢東思想を、そのまま引き継ごうとしているのが、現在の中国共産党、習近平国家主席である。ここを押さえておかねばならない。その毛沢東思想とはいったいどういうものであるのかは後述するが、それを知れば中国の恐ろしさが分かるであろう。毛沢東思想を受け継ぐ延長線上に習近平が今後どう出てくるかはおのずと予測がつくこととなる。その前に、現代中国の侵略の歴史をおさらいしておこう。

「新疆ウイグル自治区」「内モンゴル自治区」「チベット自治区」の実態

中国大陸には、古来からさまざまな民族が暮らしていた。現在、中国国民の92％は漢民族が占め、56から成る少数民族が残りの８％を占めていると言われている。「新疆ウイグル自治区」「内モンゴル自治区」「チベット自治区」は、「自治区」とは名ばかり、自治権は皆無であって、中国共産党が無理やり支配や摂取を行うなどをして、少数民族の弾圧が問題になっている。

❶新疆ウイグル自治区

東トルキスタン（新疆ウイグル自治区）は古くからウイグル人が住み、イスラム教信仰で、中国とは別の歴史と文化と言語と宗教を持っていたが、１９５５年中国共産党が突如乱入し「新疆ウイグル自治区」となってしまった。そして、ウイグル自治区で、１９６４年から46回に及ぶ中国による核実験が行われ、１２９万人以上の人達が死亡したという調査結果もある。中国の支配に反対するデモなどが起きるたびに、暴動を世界に報道され、さらに過酷な弾圧を受けている。しかし、日本の新聞は一切、中国政府による人権を無視した弾圧を報道せず知らん顔をしている。おかしな報道機関である。

新疆ウイグルを侵略したのは、中国経済のエネルギー源があるからだ。現在でも国内唯一の大生産地だ。だからウイグル族の反乱やテロに神経を研がらせている。この地域の天然ガス生産のバックアップ用として、中央アジアから天然ガスを入れロシアから西へヨーロッパまで、要するに陸のシルクロードを建設しようとしたが、現在では、中国経済の減速で目論見が大きく狂ったようだ。

❷チベット自治区

チベットは、7世紀初めに統一王朝吐藩が成立、8世紀末に仏教を国教化し、17世紀にチベット仏教の最高位ダライ・ラマが国家元首となり、政教一致体制が確立した国際法上独立国家であった。しかし、1950年以降、中国の武力侵攻を受け、1965年にはチベット自治区として併合される。チベット人も100万人単位で虐殺されている。

ダライ・ラマ14世は、1959年に亡命し、現在も北インドのダラムサラに亡命政府を置く。亡命者は毎年増え続け、インド、ネパールを中心に、今も13万人以上がそれはそれは悲惨な亡命生活をしている。

❸内モンゴル自治区

南モンゴル（内モンゴル自治区）も、紀元前から中央ユーラシアを中心に遊牧民族が国家を形成していた。民族同士の争いが続き、1206年には、チンギス・ハーンがモンゴル帝国を築き、1272年には、フビライ・カーンが全中国を統一し、国号を「天」に改めた。しかし、1368年南部を明が統一し、モンゴル人は北部に逃れるが、清国に統一されてしまう。その後北部は、北モンゴル（現モンゴル）として独立を果たすが、南は今も中国の支配下にある。

この国もレアメタルなど鉱物資源の宝庫だ。その現在の北モンゴルに、先ごろ安倍首相が歴訪した。現在では日本への親近感は極めて強い。大国ロシアや中国に挟まれているが、すでに大相撲では横綱はモンゴルが独占して大活躍をしている。そういう意味において、相互の関係は非常に密接だ。この外遊も中国の軍事大国化に対する包囲網の一環であろうと筆者は信じている。

それはさておいて、このように中国という国は、軍人が動かしてきた国。軍隊、軍事力によってできた国なのである。そこに資源が埋蔵しているという調査結果が公表されれば最後、平気で他国を占領してきた歴史であった。それは今も全く変わらない。ベトナム、フィリピンとの南シナ海領土問題も、日本との尖閣諸島領土問題も、難癖をつけては資源略奪のために、他国の領土であっても力によって自国に編入するいつもの動きであるということだ。

中国がひた隠しする近隣諸国での侵略行為

鄧小平時代の中国の国防発展戦略

1985年の「百万人の兵員削減」に始まった鄧小平の軍事改革で、「国防発展戦略」という戦略会議が実施され、「中国の守る領域とは何か」、「どうやって その領域を守るか」という問題が活発に議論されたが、戦略会議に出席した大方の関係者は、もはや、わが国を脅かす国は近隣には存在しない。従って、国境を守る必要もない、という結論となった。

これは、「人民戦争はもう必要ない。国境線で他国の侵略を守るか」とか、「攻め込んできた敵にどう対処するか」という議論を飛び越えて、「さらに領土を広げていくか」という議論が大勢を占めたのである。かつて元の時代に中国の支配下にあった国々は、全てわが領土あることが決定されたのである。

「中国こそ逆に日本に謝罪すべき9つの理由」の著者、黄文雄氏は「侵略こそが中国人の天性である」と言い切っている。中国という国に「国境」という概念は今もなく、国力が上がれば国境線は拡張し、下がれば縮小するだけだ。と、このような認識を示している。

ところで、中国の人民解放軍は国家の軍隊ではなく、党の軍隊であると言われている。ただ形式上、人民解放軍を統率する「国家中央軍事委員会」があり、その主席は全人代によって選ばれることになっているが、実は、共産党中央委員会が選出する「党中央軍事委員会」という組織が別にあって、「国家中央軍事委員会」と全く同メンバーなのだ。これは「党中央軍事委員」「国家中央軍事委員会」に送り込まれたメンバーであって、軍を統率する人選は党によってあらかじめ行われている。

今でも、国家の最高指導者は、政府、党のトップになるだけではなく、党の軍事委員会の主席にならなければ真の権力者になることが出来ない。言わば、中国には国家の軍隊は存在していない。存在しているのは党の軍隊であり、国家の軍隊ではない。人民解放軍という党の軍隊があるだけだ。

平和愛好的民族と宣伝するウソ

なのに、中国人こそ、世界で最も平和愛好的な民族であると宣伝するのは真っ赤な嘘である。本当は「平和愛好」ではなく「戦争愛好」、「侵略愛好」である。中国人の弱い者いじめや裏切りや嘘、内紛闘争好きの性格を持ち出すまでもなく、中国の歴史書を読む限り、戦争だらけで戦乱のなかった年は一度もないのである。中国の実態は「革命」と「戦乱」の歴史である。

そして、現在の中国の広大にしてさまざまな民族を包括する領土が、どのようにして形成されたのか。それは言うまでもなく、漢民族の周辺諸民族に対する侵略戦争と植民地支配の結果である。現領土の5分の3は他国から奪った領土であることを見れば分かる。今の中国政府は、台湾に対しても、「絶対に武力行使は放棄しない」「台湾海峡を火の海にする」「台湾に上陸するのはまず南部からだ」「そのために尖閣諸島は絶対に中国の軍事基地にせねばならない」。そして「台湾を滅茶苦茶に破壊して、中華を再建する」と言い放っているのだから、「平和愛好国」ではなく「武力愛好国」であることを、日本人は知らねばならない。

中国が平和愛好国と信じているのは日本人だけ

その「平和愛好」を否定したのが毛沢東である。文化革命中、アルバニアの軍事代表団に、「中国人が平和愛好民族であると言うのは嘘だ」「実際は戦争が大好きで、そういう私もその一人だ」と毛沢東は自慢している。

戦乱の世で過ごしてきた中国の民衆は、「桃源郷」を夢見てきたことは否定できないが、しかし、中国人を平和的な民族だと思い込んでいるのは、現在の日本人だけである。そもそも日本人には中国が文明国であり道徳の国だとの見方が根強いが、戦後になると戦争の謝罪意識から「侵略」の被害者である中国が善良な国と、イメージがさらに強まったのである。

また田中角栄による日中国交回復後に起こった日中友好ブームの中で、中国人が「平和」を連発したことで、このような誤った印象が広まったことも大きいかも知れない。それ以外にも、戦後の進歩派「社会主義・平和勢力」といったものを流布したことが大きいかも知れない。

侵略こそが国家存立の原理

しかし中国人の信念は、「侵略」こそが中国人の天性で、侵略こそが中国人の国家存立の原理であり、中国は世界最強の国家に成らなくてはならないと考えている。面白いことに、例えば、中国人はチンギス・ハーンの孫のフビライ・カーンに征服され亡国の憂き目に遭っているが、それでも現在の中国人は大征服者チンギス・カーンを中国民族の英雄とし、自らその子孫だと誇っている。ロシアもチンギス・カーンに征服されたが、ロシアは決して彼をロシア人とは呼んではいない。当たり前のことだ。

また、満州人（清国）の後金国のヌルハチの孫の順治帝も中国を征服した人物だが、中国人はやはりヌルハチを太祖と呼んで祭り上げている。このようにいつも征服者の子孫になりたがる中国人は、つまり侵入した強盗を父と呼ぶ天性を持つ不思議な民族であることが分かる。

今の中国は核大国を目指して軍拡を続け、すでに軍事大国になりながらも、自衛隊しか持たない日本を「軍国主義の復活」と非難する詭弁と同様、侵略国家の歴史しか持たず、今でも領土拡大を目指しながら、日本の過去の「侵略」だけを非難している。

結局、中国の王朝は世界の王朝であるから、他国トップの「朝貢外交」は当たり前だ。それができないなら滅ぼすまでだ。「言うことを聞くなら悪いことはしない」、これが「朝貢外交」の原則であるというのだ。これが中国の世界支配の政治原理である。

長々と語ってきたが、現在の日本人の歴史認識の浅さには驚くばかりか、能天気そのものので、やがて中国の属国となり、侵略の憂き目を見ないことには目が覚めないのだろうか。明治維新の偉人達が列強の侵略を脅威とし、国家存亡の危機と見て立ち上がった事実すら忘れ去ったというか、勉強もしなければ知ろうともしない。無知無明の日本人に成り下がってしまったのは残念でならない。この後に続く、毛沢東思想による「文化大革命」の真実を知れば、中国の本質がはっきりと見えることだろう。

毛沢東思想と文化大革命の真実

中国問題専門家の石平氏は、「中国崩壊と暴走」の著書の中で、こう書いている。「1949年に毛沢東の率いる共産党が全国政権を樹立した直後から、中国の伝統文化と道徳倫理の受難の時代が始まった」。要するに、この年は中華人民共和国が成立した年で、ソ連は原爆保有宣言をし、中ソ友好同盟条約が結ばれた年に当たる。一方、日本では、第三次吉田内閣が成立した年でもある。

当時「毛沢東共産党政権が『共産主義の新しい思想・道徳・文化の浸透』によって、『社会主義の新中国』を建設するためと称して、中国伝統の文化と道徳規範に対して、組織的・計画的な殲滅戦を継続的に行ったのである」。いわゆる大粛清の始まりだ。

そして、政権樹立の翌年の1950年、この年の6月25日には、北朝鮮軍が38度線を越えたという理由で、韓国軍は38度線を越えて進撃した。いわゆる朝鮮戦争勃発である。そして10月には毛沢東率いる中華人民共和国（中共軍）が介入している。

そうした中、「毛沢東政権は『反革命分子鎮圧運動』と称する全国的な大粛清を本格化」。それは何と一年以内に71万人を銃殺したのである。その大半は、「長年の戦乱を生き延びてきた、中国伝統の読書人階層であったが、毛沢東共産党は銃殺と云う極端な手段をもって、中国伝統文化・道徳規範の担い手であるこの階層を、先ず肉体的に殲滅したのであった」と、石平氏は書いている。

さらに、石平氏によれば、

「その年からの数年間、共産党政権は、さらに500万人以上を牢獄に送り、共産主義思想の妨げになるような古い知識人や民間勢力を一網打尽にした。その後、共産党政権は、その攻撃の矛先をリベラル新派の知識人階層にも向けた」

そして、「1957年、共産党は「反右翼闘争」と称する弾圧運動を発動した」そのやり方は、非道極まりない騙しのテクニックをもって行っている。

「彼らはまず、知識人たちに対して、『党と政府の過ちを批判して改善案を提案してください』と呼び掛けた。純粋な知識人たちが、それに応じていろいろと意見を申し立てると、毛沢東は一転して態度を変えた」

「党と政府に対する悪意の攻撃は許せないとして、何と55万人の知識人を『右翼分子』と認定し、公職から追放し、一切の公民権を剥奪して強制労働所に送った」

まさに、知識人たちに対する騙し打ち以外の何物でもない。「このように政権を樹立してからわずか八年間で、中国文化・価値観・良識の担い手としての、伝統的読書階層と新派知識人は、根こそぎ消滅させられたのです」

その一方、「共産党政権の強制的な『思想教育』の展開によって、マルクス主義のイデオロギーが中国人民の心を支配するようになった」

結局、この反革命分子鎮圧運動の結果、人間として最も大切な宗教的・道徳的倫理が失われた。「特に、神仏も魂の存在も完全に否定した唯物主義の世界観が広く浸透した結果、信仰心というものが消え去り、中国国民は徐々にその道徳倫理のよりどころを失っていったのである」

毛沢東が「中国に自由を与えたら、政府は転覆するのだ。だから統一国家は必要なのだ。そのための革命である」。「革命は銃口から生まれ、暴力は産婆として成就するものだ。従って、小の虫など今は必要ではない」と豪語したという、この言葉はあまりにも有名である。

この事実を知れば分かるように、日本が中国の属国になれば、やはり日本も、宗教をはじめ思想家・保守系評論家及び知識人や大学の教授等々、あるいは政治家の多くが弾圧を受け、粛清されたり強制労働させられたりするであろうと筆者は思う。その単位は1000万人単位に上るやも知れない。まぁ、されても仕方のない日本人もいようが…。

このように、共産主義というのは、個人の幸福追及などは皆無であり、あるのは「国家」という虚像であり、国家に隷属する民衆だけが存在する悲しい制度であるということだ。無論、隷属を要求される民衆に「自由」などはない。国家が第一であり、民衆は国家のために存在するものに成り下がるのである。

民主主義の考え方では、個人の幸福を追及するために国家があるという前提で政治を行っているが、共産主義は、ちょうどその逆の制度と思えばよい。しかし、共産主義の大義名分は、平等な世の中の実現が社会の幸福をもたらすというものである。共産主義思想の根底には、金持ちや、権力者、支配者に対する嫉妬があり、彼等を倒すのに暴力を用いても構わないと、暴力を肯定する革命思想が全ての行動規範を形成していく。これが恐ろしい。目的のためには手段を選ばないその思想は、行きつくところ、暴力を使って大量虐殺を平気で実行する制度であるということだ。

その結果、実現される社会というのは、決して平等な社会ではなく、共産党幹部の一部の大金持ちが支配者階級に君臨し続ける一方、民衆は中産階級以上の暮らしができる平等ではなく、等しく貧しさにおいて平等になるという制度なのである。

毛沢東以降、鄧小平によって経済は資本主義自由化を取り入れ、文化大革命で壊された文化遺産も、現在では、観光用として一部は再構築されたが、それは「表向きで、観光地や文化遺産・世界遺産の営業管理しているのは、人民解放軍の幹部や中国マフィアの組織幹部たちである」と、中国旅行のおり友人に教えてもらった。

中国経済全体のGDPの38％は正当な表の経済ではなく、それら闇の経済を差し引くと、事実上のGDPは約半分ぐらいと思う。さらに、その利益の大半は賄賂を蝕んでいることを知っておくべきだ。

そうは言っても中国経済は著しい発展を遂げ、鄧小平路線が成功したかに見えているが、しかし政治思想では、毛沢東思想が随所に見え隠れしている。それもそのはず、習近平主席は毛沢東思想を再び蘇らせ、中国を中華思想に基づく強い大国を築き、アメリカに代わって、世界の覇権国家として君臨することを理想とし、着々と実行に移しているからだ。共産党一党独裁政権が続き、習近平が皇帝なき皇帝である限り、「中国の夢」実現のため実行に移されることは確実だろう。

先にも書いたが、経済的には、ウイグルから中央アジアを通ってヨーロッパへと、経済的シルクロードを通って世界制覇を狙い、一方、海のシルクロードで軍事力を強化して、3000mもの大滑走路や港湾施設をつくっている。フィリピンやベトナムといった東南アジアの小国を占領しようという、露骨な意図が見え見えである。こんな国家が世界の覇権国になったら、それが招く結果は想像を絶すると思うが、現実化しそうな現在の中国の政治思想の恐ろしさを、一人でも多くの日本人に知っていただきたいと、強く、強く思うのである。韓国においても精神性では中国と何ら変わらない。政治経済、軍事において、韓国は日本にとって脅威ではないが、中国は非常に脅威である。

悪魔の契約「天安門事件」

さらに、石平氏は、「文化大革命後、今から20数年前に起きた「天安門事件」もそうである。共産党政権のこうした『生存本能』の強烈さが、遺憾なく発揮された曲型的な例のひとつでもあろう」と語っている。

当時、民主化の実現を求めた若者たちの造反運動が、共産党の一党独裁的支配体制を根底から脅かすような現実性を帯びてきた。共産党政権にとっては、それは「存亡の危機」を意味するものだとして、鄧少平らが率いる共産党政権は、何の躊躇もなく、戦車と精鋭部隊を出動させ、自国の主都北京を占領した。そこで丸腰の若者たちの群衆に対し、戦車が容赦なく踏みつぶし、大量殺戮を行った。

当時、日本でも生中継され私も観ていた。それも世界の報道人の見守るなかを堂々と行い、世界を震撼させた「血の鎮圧」を断行したのである。「政権維持のためなら何でもやってしまう」共産党政権の恐ろしい本性がむき出しになった事件でもあった。しかし、北京政府により、歴史は消されてしまい、現代の中国の若者は情報封鎖されていて、その事実を知らない連中が多い。

「もし、わが日本が中国の属国になってしまえば、親中派を含めた日本民族全員は、中国による恣意的な奪取と蹂躙の対象となるであろう。何よりも大事なのは、われわれ日本国民が全員、少なくとも国民の大多数が、中国の脅威が民族の生存を脅かすほどの深刻な脅威であることを十分に認識することだ」と、評論家の石平氏が語るのもよく理解できる。

日本の現代人の多く、特に、文化大革命前後に生まれた人達はこの真実を知らないし、中国に気兼ねして文部科学省も、左翼系日教組を中心とする教育委員会も、学校教育では一切教えていない。そうした正しい歴史観や歴史すら教えられない文部科学省など、この国には必要ないと思うのだが…。

ここに書かれている、近現代の中国が行ってきた歴史の真実を知るならば、教育を受けていない子供たちがいったいどういう反応を示すのかを見たいものだ。国が近隣諸国の真実の歴史を教えようとしないのは、大きな不作為の罪である。中国に対して誤った認識を持つような教育をし続けてきた文科省、日教組の罪は重い。いや、取り返しがつかないことだ。

中国の死生観を知れば本性が分かる

最後に、中国人の死生観を知れば、その本性が分かる。さらに、「中国に神はいないのか」この質問に対し、中国古来の文化を見れば一目瞭然で、中国５０００年の文化から来る「死生観」を見れば分かる。

中国人の伝統的文化の中に「鬼神を敬して遠ざける」という言葉がある。いわゆる「鬼の神を敬う」という意味。これは真実の誠の神ではなく、鬼神《きじん》を敬う信仰があることを理解しておいた方がいい。鬼神、つまり悪魔は力なり、「正義」は弱者なりという意味だ。

この「中国の死生観」に対して、日本人は伝統的に「衆生悉皆成仏」「山川草木悉皆成仏」という「死生観」を持ち、敵も味方も死後は皆祭祀の対象になる。しかし、中国人は敵に対しては絶対的不寛容であると同時に、敵の屍に鞭打つだけではなく、「生きてその肉を食らい、その皮で寝る」という言葉があるほどである。さらには死後は「その魂を食らう」という言葉もあるほど徹底している。いわゆる「生きてその肉を食らい。その皮で寝る」ことを願うほどに敵を憎しみ抜き、死後は「その魂を食らう」と誓うほど、敵は永遠に敵であるという考え方が主流になっている。

例えば、日本とアメリカが太平洋において激しい戦いを繰り返し、互いの兵士の犠牲はあったとしても、戦いが終われば敵であった日本に対して食糧援助するという、慈悲が見られるが、中国はそうではない。永遠に敵で在り続ける。これが中国人の代表的な「死生観」であり伝統文化なのだ。

それ故に、こと政敵に関しては非常に厳しく憎悪し報復は不可避なのだ。「敵と　に天を頂かず」という言葉は、中国人であれば知らない者はいない。だから中国人の持つ感情、執念は日本人の想像を遥かに超えるのである。また三国志でも見るように、相手の王を倒せば、その民衆まで全て抹殺してしまう。日本であれば城主を打てば戦は終わるが、中国はそんな生易しいものではない。

中国の歴史を振り返っても、秦の始皇帝の陵墓や史跡の破壊は司馬遷の史記をはじめ、正史である二十五史にもおびただしく記録されている。これが中国人の伝統行為なのだ。

一つの例を挙げてみよう。今述べた「中国の伝統行為」である、「隋書」の「孝義伝」によると、父を殺した陳の武帝を怨んだ王は、隋による陳王朝への攻撃に加わり、陳が滅ぼされると武帝の墓を暴き、その遺骨を焼いては灰にして水に混ぜて飲み下している。つまり、何の功績がなくとも、ただ仇敵を食らうことは「孝義伝」であり、それが民衆にも定着している。

中国革命の時も、処刑された遺体には民衆が群がり、饅頭にその血を染み込ませ、これを食べれば不治の病に効くといって食べさせたという記録も残っている。人食いの習慣など、中国歴史の残忍さを語ればきりがないのでこれくらいにするが。…

中華思想の本当の意味するところ

最後に、中華思想について簡単に説明しておく。ネットで調べて見ると中華思想とは「中国人の自負である」と書かれている。中華思想とは、自国を「中華」と称し優れた民族として、異民族（異国）を文化の低い夷狄《いてき》「未開人」としたのが中華思想である。要するに中華の「中」は世界の中心で、その皇帝は世界を牛耳る権威者であり権力者であるとした。

中華の「華」は、華（はな）が咲き誇るように栄華を極めた美しく栄えた国の自称であり、自負である。夷狄の「夷」（イ）は異民族（異国）で「狄」（テキ）は地位の低いという意味で人間以下の存在としたものだ。この中華思想の意味が分かれば、中国の恐ろしさが分かるはずである。

この中国人を戦前までは日本をはじめ欧米列強国は支那人と呼んでいた。一般的には、

「支那」とは、人を見下す言葉であり「中国」とは高貴な言葉とされている。中国大陸には幾多の異民族が住んでいて、周辺の諸民族を北狄《ほくてき》・南蛮《なんばん》・東夷《とうい》・西戎《せいじゅう》として差別的に見下している。これらの諸民族を一つまとめるために、孫文が使った言葉が「支那」である。

その意味は、種族を支えるという意味らしい。それを元東京都知事・石原慎太郎氏は、「中国では今も尊敬されている孫文が使った言葉を、私が使っていったいなぜ悪い」と言っている。その通り。

また、日本の中国地方については、九州宮崎県の高千穂の国と近畿の大和との国の中間の国として、中の国「中国」、吉備の国を称えて中国地方と呼んだとされている。

もう一度、石平氏の警告で終わるとしよう。

「現在の中国が巨大大国になった場合には、おそらく東アジアにおける自らの覇権を不動のものにすべく、そして長年の怨念を晴らすべく「日本制圧作戦」に取りかかるであろう。そうなれば日本周辺の海は、全て中国海軍の領海とし、日本国は事実上中国の軍門に下り、中国の属国になる以外に生きる道はないであろう」と、警告している。

革命中国の本質を知り尽くした、日本への帰化人、石平氏の警告を聞かない言論人、新聞社は多い。「まさかそんな」と高をくくっている。日本が中国に占領されれば、親中派さえ、粛清の対象となることも知らずにだ。学校教育以来の文科省による洗脳、中国による洗脳、マスコミによる洗脳により、もはや、中国のおぞましい血に染まった真実の近代史を知る人は少ない。

カンボジアのポルポトによる自国民への粛清により、３００万人のサレコウベが並んだ。シベリアには、ロシア革命で４０００万人以上のサレコウベが埋まっていると言われている。毛沢東の文化大革命では、５０００万人とも６０００万人とも言われる粛清が行われた。

赤く染まらぬ者は不良品として、簡単に桁数の違う人数の粛清が行われてきたのが共産主義の実態である。現代に生きる日本人は、あまりにも共産主義の恐怖、残忍さを知らなさすぎる。武士道精神が失われていない祖先の日本人は、その恐ろしさをしっかりと見抜き、明治以降、日本の国体を護るために共産主義の防波堤となるべく戦い続けて来た歴史があったのにだ。

よって、男塾で訴え続けている共産中国からの祖国防衛は、とりもなおさず、日本民族消滅の危機への警鐘でもある。現代の日本人は、平和ボケからいち早く目覚め、快楽享楽の刹那的平和主義から脱皮し、賢く賢く振る舞わなければ未来はないことを知るべきである。

全地球的に展開する中国の危険な戦略

一貫性がない中国の政策

最初に指摘しておきたいのは、「中国は決して、孫子の兵法の国ではない」ということである。孫子の兵法は、世界で最も進んでいるアメリカやイギリスなどの戦略を研究する学者たちが一様に優れたテキストとして挙げる書であり、戦略論の基礎として盛んに研究されている。ところが、孫子の兵法を読みすぎることで、かえって中国の戦略の実像を歪めてしまう面がある。要するに、孫子の兵法を読んでいても中国の戦略などわからないということだ。

中国の政策は鄧小平の死去以降、意外と「破れかぶれ」で「行き当たりばったり」な面があり、一貫性がないのが特徴である。

「令計画事件」の背景にあるもの

　中国は中国共産党指導部内で絶えず争いがあり、それが原因で党の機関や政府の機関同士でも争いがある。この争いの最たるものが、習近平が進める「腐敗撲滅運動」なのだ。この運動の真の目的は、習近平が権力闘争に勝利するために反対派を追い落とそうとしたところにある。この運動のせいで中国共産党の機密情報の多くが海外に流出してしまった。これが「令計画事件」と呼ばれるものである（胡錦濤元国家主席の腹心で全国政治協商会議副主席、中国共産党中央統一戦線工作部長を務めた「令計画」が、２０１５年７月、中央政治家局の決定により党籍と公職を剥奪され、８月には収賄の疑いで逮捕収監された事件のこと。その後、令計画の末弟が身の危険を察知し、大量の中国共産党機密文書と引き換えに米国への亡命を企てたが、令計画が指示し弟に託した物と言われている）。

　習近平に抹殺される側も命賭けである。やられっぱなしということはない。従って、党内基盤を固めるために、腐敗撲滅運動を行えば行うほど、習近平は今後自分で自分の首を絞めていくことになるだろう。

海洋政策から「一路一帯」政策への政策変更

もう一つの例は、中国が進める海洋政策である。胡錦濤政権の時には、海洋政策は非常に発展を遂げた。中国は海洋によって発展していくという意思を明確にしたのだが、習近平政権の際にこの政策をコロッと変えて、「一路一帯」という政策を打ち出した。要するに、習近平政権時代に世界制覇を成し遂げようとして、海も陸も重視するという政策にしたのだ。

これは歴史上どの国も成功したことがない政策である。ナポレオンやヒトラーでも、成功したことがない。よって、歴史の教訓からしてもおそらく失敗することだろう。

このように、国家主席が交代したら、中国の政策は変更されてきた。但し、覇権国家となるという「中国の夢」に向かい「軍備力増強」「領土拡大」の政策だけはブレルことがない。

南シナ海と地中海は繋がっている

２０１５年10月26日、アメリカ海軍のミサイル駆逐艦ラッセン（ＤＤＧ－82）が、中国の人工島から12海里（約22㎞）の付近を「航行の自由作戦」と称して航行した。日本は同盟国としていち早く、米国の行動を支持することを表明した。

このアメリカの動きに対する中国の出方次第では、一気に情勢が悪化する可能性があるわけだが、航行から2週間近く経過した今でも、中国はまだはっきりとした動きを見せてはいない。中国政府は「中国に対する深刻な政治的挑発だ」と強く反発する程度で、今のところ具体的軍事行動の可能性はほとんどないのだ。

もし、相手がベトナム軍なら、全く違う挙に出たことであろうが、自分より強い者には決して立ち向かわない中国の性質があからさまに露呈した。

と、あえて述べはしたが、しかしそれほど国際外交は単純ではない。もっと複線型で動いている。たいした動きがないことを中国の弱気と取る見方もあるが、しかし、グローバルな国際政治と軍事を知らない素人的見方と言ってよいだろう。中国は中東において活発な動きを示している。

イスラエルの諜報機関モサドの広報紙と目されている報道機関『DEBKA file』の9月

26日付けの報道によると、中国海軍が空母遼寧とミサイル駆逐艦を地中海に展開して、シリア情勢に介入する可能性が示唆されている。同紙の報道によると、中国海軍の艦隊は地中海に臨むシリアのタルトゥース港に停泊し、戦闘機を含んだ艦載機をイラン経由で送っているのだ。

バランスをとろうとするアメリカと中国

南シナ海と地中海におけるアメリカと中国の動きは、お互いの首にナイフを突き付けたも同然の行為であると言える。アメリカにとって地中海は、さまざまな形で対立するロシアの海洋進出を抑えるための重要な海の一つ。一方、中国にとっては、南シナ海は南沙諸島における領有権問題と絡んでいる、極めて重要な海の一つである。

両国の今後の動きとしては、中国側は空母を地中海に展開してシリア情勢に軍事介入する代わりとして、南シナ海においては何もしないか、またはアメリカとバランスをとるのではないかという見方ができる。具体的には、中国も南シナ海へ駆逐艦を派遣して様子を見るのではないかと見られる。アメリカも中国も南シナ海においては、対立を避けるという点では共通の認識を持っているため、同じような戦力を出してバランスをとって様子を見るというわけである。

このため、南シナ海では当分の間、平穏な状態が続くはずである。決して一触即発という状態ではないことを知るべきだ。そうはいっても、日本艦船へのレーダー照射事件で露呈してしまったように、シビリアンコントロールがあまい中国海軍のことだから、偶発的に戦闘行為に及ぶ事態引き起こす可能性もあることを付け加えておきたい。

一路一帯の果て

さて、では当面の戦いはどこになるのかということになるが、それは論理的帰結の結果、実は「シリア」ということになる。南シナ海は決して今は本丸ではない。陽動作戦とまでは言い切れはしないが、南シナ海に目を引きつけておいて、狙いは別にある可能性大である。中国は、フィリピンとベトナムとは圧倒的な軍事力の差があるので、南シナ海はいつでも盗れると踏んでいるため、国際社会が思っているほどこの海に集中しているわけではない。いや、もう既に手に入れたと思っていることだろう。

虎視眈々と狙っているのは、中東への介入である。その足がかりがシリアの内戦だ。より詳しく言えば、シリアという限られた地域ではなく、今後はアラビア半島を巻き込んだ戦いになることが予想される。

すでにシリアでは、アサド政権側を支持する「ロシア、イラク、イラン、シリア、中国の五ヶ国連合」VS反政府勢力を支持する「アメリカ、イギリス、フランス、アラブ諸国が参加する有志連合」VS「イスラム国」の三つ巴の戦いになっている。この戦いに、遂に中国が軍事介入することは非常に大きな意味を持っている。

中国の、いやはっきり言えば、習近平主席の戦略構想は『一路一帯』という、かつてのシルクロードになぞらえた壮大なものである。ユーラシア大陸を横断する陸のシルクロード、ユーラシア大陸を迂回する海のシルクロードを中国が押さえるという戦略こそ、一路一帯なのだ。チンギス・ハーンは陸路のみで、中国、ロシア、中東、東ヨーロッパまで進軍し各国を平定し、世界帝国を築き上げたが、現代のチンギス・ハーンになぞらえる、習近平主席は「一路一帯」という、陸路と海路両面作戦で世界制覇を目論んでいる。そして、陸のシルクロードと海のシルクロードが交わる場所こそが、そう、中東なのである。そこは世界の火薬庫と呼ばれている、地球の未来に関わる重要な地域だ。

中国による中東への軍事的介入の意味するところは、とんでもなく大きな事態を引き起こす可能性を秘めている。中国の参戦により、遂にパンドラの箱を開けてしまうやもしれない。

尖閣諸島は一体どうなるのか？

中国がこのような世界的な戦略を進めていく中で、尖閣諸島はどうなるのだろうか。尖閣諸島は領有権問題に絡んでいるとはいえ、南沙諸島の問題とは全くの別物であることに注目する必要がある。尖閣諸島では南沙諸島とは違って、実力行使によってほとんど抵抗される心配がないため、周辺海域の漁業資源、エネルギー資源を中心として利用を進めている段階である。これは中国の中国海警局が主体となって進められている。中国海警局というのは、日本でいうところの海上保安庁と水産庁が行うような業務を遂行しているところだ。

中国海警局の管轄にある船が尖閣諸島の周辺海域にきたり、領海侵犯をしたりしている以上、尖閣諸島の危機的な状況はあまり変化がないと分析している。無論、歴史は一夜にして変わるので、突如、何らかの外部的な要因で政策変更する可能性もある。それが、次に述べる「タラ戦争」の例だ。このような漁業資源を巡る争いが、遂には戦争の原因となる可能性がないとは言えない。

１９５０年代から１９７０年代にかけて、イギリスとアイスランドとの間で争われた漁業紛争である通称「タラ戦争」は、タラを巡る漁船同士の争いが、国同士の武力紛争に発展した例として知られる。この争いは、当時アイスランドに設置されていた、ＮＡＴＯ軍基地をめぐる政治的問題と絡めて、当時の敵国であるソ連が介入するほどの大騒動になり、最終的には「ＮＡＴＯ」か「タラ」かの二者択一を迫られたイギリスが、漁業権を放棄することにより決着がついた。

日本はこの歴史上の例に倣い、たとえ漁業資源を巡る争いであっても、戦争に発展する可能性を考慮に入れておかなければならない。特に近隣諸国との資源争奪問題というのは、容易に戦争に直結してきたことは歴史が教えるところだ。なのに、日本は戦争の二文字について全くといっていいほど考えていない。尖閣は沖縄県石垣市の地番を持つ歴とした日本領土である。その尖閣海域には、石垣の漁船は海上保安庁による厳重な警備により一歩も近づくことができない状態になっているので、当面、紛争はないと踏んでいるのだろうが、果たしてそうだろうか。日本政府は最悪の事態を見据えた安全保障政策を追求する必要がある。

以上述べてきたように、南シナ海、地中海、東シナ海と、中国はアジアの海だけではなく、全世界に眼を向け虎視眈々と世界の覇権国家となるための布石を打ってきている。第二次世界大戦の開戦の発端がドイツ・ヒトラーだったように、第三次世界大戦が勃発するとすれば、その発端になるのは中国であるのは間違いない。いや、もう一ケ所発端となる国がある。イスラエルだ。しかし、こちらに言及するのは話が複雑になるので、別の機会に譲りたい。いずれにせよ、現代のヒトラーは、確かに中国という国に息づいている。中国の動きを常に注目しておくことが必要なのだ。

中国への宥和政策はいつか通った道

最後にもう一つ付け加えて筆を置く。いつの時代も、宥和政策というものが出てくる。人類がいつか通った道である。そう。第一次世界大戦終結後のヒトラーのフランス国境のラインライト地方への進軍、そして続きざまにオーストリア併合、さらにはチェコのズデーテン地方の侵攻に対して、フランス・イギリスは宥和政策を重ねた。彼等は腫れ物に触るように、ヒトラーを刺激しまいとした。それは誰しもが賛成したがる、不見識で勇気の欠如した、智慧のない「平和主義」である。

第一次世界大戦で戦争はこりごりといったヨーロッパ諸国がこぞって、ヒトラーを刺激しないようにした結果、とうとうヒトラーはポーランドまで触手を伸ばしてしまい、これはもう止まらないと気づいた。この時点で、やっとヒトラーの限りない野望と野心に気づき、重い腰を上げて、フランス・イギリスはドイツに宣戦布告したものの、時すでに遅し。後は歴史が示す通りの顚末だ。行くところまで行ってしまった。ヨーロッパ全土はドイツ・ヒトラーによって、火の海になり、切り裂かれてしまい、数多くの民衆が不幸になった。

世界最強国である、腰抜けオバマの米国、そして、イギリス、ドイツ、さらには我が国日本、韓国、台湾、中国と利害の一致する東南アジア諸国がこぞって、国際法を無視し続ける中国に対して融和政策をとることにより、世界を破壊する中国という巨大な爬虫類を育て上げてしまった。現代の英国元首相、チェンバレンはいたるところにいる。現代のチェンバレン達は、ＡＳＥＡＮ拡大国防相会議で中国に対する共同宣言の採択を見送った。現代のチェンバレンは、やはり同じくイギリスに存在し、人権問題や領土問題より金を優先した。

第二次世界大戦勃発の経緯と現代の中国の動きに対する諸外国の対応が酷似していて実

に危険であることを、いずれ機会を改めてもっと詳しく論じたいと思うが、今、言いたいことは、中国の暴走を止める時期を逸してしまったなら、世界は闇に沈む可能性が極めて大であるということである。

局地紛争を怖がり、ただ避ければよいとする、事なかれ刹那的平和主義そのものが、その後に巨大な戦争を引き起こしてしまうことを、人類は過去の教訓から導き出し、智慧に変えねばならない。

進化する軍事兵器と海上自衛隊の戦力分析

軍事知識がない国会議員の面々

本国会では、安倍首相がすすめる改正安保関連法案を、野党側は「戦争法案」と決めつけ、審議が遅延化しているようだが、21世紀初頭の日本の世界を取り巻く情勢は、今のような悠長な審議を行っている場合ではなくなっている。経済界では常識中の常識である、市場の変化に応じて、企業形態や売る商品や販売方法を変化させていくという時代適合性の原理が、政治の世界、官僚の世界では全く通用せず、GHQが日本弱体化を目的に、しかも英語で書いた現日本国憲法を、70年の長きにわたってたった一行も変えることなく、〝不磨の大典〟化し、今も日本で使われている。憲法学者は、現憲法を神と崇めるが如くの法解釈をし、改正安保関連法案を「違憲」と決めつけ、反対派の野党の最大の援軍と成り果ててしまっている。学界というところにも、日本の根深いがん細胞が繁殖している。改正安保関連法案を通したい安倍内閣にとって、「憲法学者群」というもう一つの抵抗勢力ができようとしているのだ。

日本は世界の変化に対して、安保法制を一切変化せずに今日まで来たが、経済界では、もしそのような企業が存在していたら100％倒産することだろう。無知蒙昧、平和ボケした無能な国会議員の反対尋問を聞くのは、忍耐の修行にはいいものの、精神衛生上よくないことである。現安保成立時には、今のようにこじれた尖閣問題も、南シナ海問題も、中国の急速な軍拡も、北朝鮮の核も、全てなかったことを知るべきである。日本人の生命と安全と財産の危機があるなら、そのリスクヘッジすべく安保法制を見直すのは至極当然のことなのだが、この国では大事業のようである。

筆者が国会の答弁を聞いていて一番感ずることは、「国会議員」の先生方には軍事知識が欠けているということだ。欠けているどころか、他国の軍事力と自衛隊の軍事力や兵器の差もまったく知らずに国会で審議しているので、安保関連法案が「違憲」であるか否かということが主眼に置かれてしまう。本来審議すべき「今のままで日本の安全保障は大丈夫か」という本質の論議になっていないのである。何故、今、安保関連法案審議をしているかというと、日本の安全保障上の危機が迫っているからに他ならない。その危機感を、審議している当の国会議員から微塵も感じることができない。

何といっても「主権国家」を護るのは、一にも二にも軍事力なのだ。日本は特に海洋国家であるだけに、他国が攻撃を仕掛けてくるには海か空を通じてということになる。島国だけに、いきなり陸路で攻撃をされるということはない。従って、海上防衛と空の防衛が要であるということになる。海軍力、空軍力、ＰＡＣ３などの武器性能と兵士の熟練度合が雌雄を決することになる。科学技術が日進月歩で進化しているように、軍事兵器の性能も恐ろしいスピードで向上している。各国は軍事予算次第でいくらでも高性能の兵器を配備でき、戦力増強を図ることができる。よって、最新の兵器情報を知っておくべきである。

戦力三倍の原則

戦力を測る時の常識として、彼我の差は３倍以内か否かということが問われる。また、戦力は質に比例し、量の二乗に比例する。そして、３倍以上差をつけられたら勝ちにくくなるのである。

これは羽柴秀吉も知っていた。秀吉軍は実に強かったが、実はランチェスター第一の法則を駆使して勝っている。ランチェスターの法則とは、第一次世界大戦の頃、戦闘機の開発に従事していた、イギリス人エンジニアのランチェスターが発見した法則である。簡単に述べると、「兵力数と武器性能が一軍の戦闘力となり、敵軍に与える損害量を決める」というものである。

第一の法則は実にシンプルで別名「一騎打ちの法則」とも呼ばれる。「空中戦や騎馬戦のように1対1の戦闘の場合、損害は双方の兵力数と武器の性能に依存する」というものである。ランチェスター第一の法則では「武器効率（質）×兵力数（量）」が戦闘力となる。つまり、兵数が一人でも多く、武器性能が敵軍を凌駕したなら、戦闘力が敵軍を上回り「勝つ」確率が高くなるということだ。

無論、秀吉の時代にはランチェスターの法則など発見されていなかったのだが、古来より伝統的な兵法にもあったもので、多勢に無勢では戦闘は不利であるというシンプルな勝利の方程式を使って大軍を動かし勝利をした。ちなみに、秀吉は敵の兵数の3倍どころか5倍を集めないと戦わない武将だった。

大東亜戦争では、初期の頃、ゼロ戦が圧倒的に強かった時代に米軍はゼロ戦に対する3：1理論を米兵に義務付けた。「ゼロ戦1機に対して米軍機3機以上ではないと戦うな！」という指令を発し、ゼロ戦対策としたのだ。また、米軍は陸上戦では全体で3倍の兵力が無いときは、兵力を移動させ配分を工夫して、攻撃する時は局地戦では必ず3倍になるようにした。米軍はランチェスターの法則を駆使して、法則に基づいて日本軍との戦いを進めていたのである。

このように「3倍」超の戦力差がついたら致命的なので、彼我の戦力を相対的に分析し続けることが大切である。

近代兵器戦

近代戦の「艦対艦の戦い」「艦対空の戦い」「地対空の戦い」「空対空の戦い」においては、近代兵器が支配する戦いになるので、今まで述べた理由により、兵力数を増やすことも大事だが、最新鋭の武器を保持し続けることが重要である。

湾岸戦争でイラク対連合軍の戦いは、兵数としてはイラクが遥かに上回っていたが、戦闘になったなら連合軍の横綱相撲で一方的に押され、あっけなく敗戦した。イラクのロシア製の前近代的な兵器では、米軍の科学の粋を集めた近代兵器には手も足もでないことを証明した戦いだった。厚い鋼板を難なく打ち抜く劣化ウラン弾に対し、なすすべもなくイラクの戦車部隊は全滅した。

また、イージス艦が一隻あるだけで、北朝鮮の前近代的なオンボロ艦船を寄せ集めても勝てないだろう。イージス艦は１００㎞範囲が射程圏内であり、敵艦からは全く見えないイージス艦より、慣性誘導とアクティブレーダーホーミングで確実に命中させることができるのである。搭載している対艦ミサイルは、敵艦をレーダーで捕捉さえすれば、肉眼では見えない遠距離から攻撃でき、しかも確実に命中するのだから、近代兵器にはとてもかなわないというわけだ。

さて、ここからだが、当然、３倍の法則を意識して急激な軍拡を進めている中国は、日米の戦力分析をして追いつき追い越そうとしている。そして、セオリー通りにいくと、戦力差が３倍を超えた時に攻撃を仕掛けてくるはずである。

各国の総兵力に劣る自衛隊

現在、自衛隊の総兵力は24万人、中国２２６万人、米国１５５万人、韓国69万人、北朝鮮95万人、ベトナム48万人、ドイツ28万人、イギリス22万人である。おまけに各国は強大な予備兵力をもっており、中国は80万人、米国96万人、韓国は４５０万人、ドイツ35万人、イギリス24万人という数字だ。一方、日本は3万5000人に過ぎない。正規軍の数だけ見ると、圧倒的に少ないのが自衛隊の兵数である。予備兵力の数に至っては、こころもとない人数しかいない。それでも日本の国防費の拠出額は現在世界第8位だが、依然、軍事力は世界トップクラスと言われている。その理由は兵器の質と訓練度合なのだ。

しかし、その優位性は今後近隣諸国の国防費の拠出額により簡単に崩れてくる。以前は国防費の拠出額は世界3位だったものが、世界中の国の国防費が増え、8位にまで転落している。現実、日本の優位性は今の「少ない」国防費が続くなら、アジアでの優位性は近い未来、完全に崩れてくることだろう。イギリスやドイツは日本と似た総兵力数だが、近隣には敵意むき出しの「中国」も「北朝鮮」もないし、ヨーロッパに於いては差し迫った戦争危機はない。しかし、平和を愛さない国々に囲まれた地政学に位置する日本の自衛隊の兵数は、本当にこれでよいのだろうか。国防費は今のままで良いのだろうか。中国が軍拡を進める中、国策として、自衛隊員数をここ10年減らし続けてきたことにより、現場では「足りない」という声があふれている。隊員数を増やすべきだ。

大型巡視船を建造し続ける中国とは

専門家筋では、旧式の中国の兵器では通常兵器戦争では、とても日本にはかなわないと主張しているが、どうであろうか。

中国はこの一年で１０００t以上の大型巡視船を一挙に20隻新造して50隻体制に持っていく計画を発表している。日本にはない１万tクラスの超大型巡視船も建造中だ。東シナ海、南シナ海での紛争を視野に入れての大幅な増強である。一方、尖閣諸島の海域で海上保安庁が保有する１０００t以上の巡視船は６隻しかない。政府は危機感を抱き、新たに６隻建造して12隻体制にしたいと表明している。

安倍内閣は平成27年度予算案に「戦略的海上保安体制の構築費」として前年度より52％増の３７１億円を計上した。これによって27年度中には12隻の巡視船体制ができるはずである。それでも中国と比較したら50対20で劣性だ。小笠原沖の中国艦船２００隻による珊瑚の密漁に対しても、海上保安庁の巡視船が全く不足して対応できず、手をこまねいてただ見守るしかない状態だった。中国の海洋進出に対して、明らかに海上保安庁の巡視船数も人員も不足している状態が続いている。海上保安庁の艦船数、人員も大幅増をしないと中国の脅威からＥＥＺを護ることはできなくなってきている。

日本の優勢が続くのは潜水艦の性能

潜水艦は艦船にとって最も脅威であり、離島防衛にも本土防衛にも欠かすことができないが、日本に何隻の潜水艦が就航しているかと言えば、16隻である。一方中国の潜水艦数は年々建造し現在では71隻保有している。米国は大西洋に22隻、太平洋に31隻を展開させている。

潜水艦の数だけ見れば中国が最も潜水艦保有数が多いのだが、冒頭で述べた通り性能が問題である。日本の潜水艦能力は世界トップクラスと実に優秀で、中国を寄せ付けなかった。それは1つには「潜水音」の静寂性にある。自衛隊の潜水艦はスターリングエンジンを使用し、スクリューは世界シェアＮｏ．1のスクリュー音が低い高性能スクリューを使用している。岡山が世界に誇るスクリュー世界シェア一位の「ナカシマプロペラ」製である。このスクリューの研磨技術は芸術的でどこの国も、どこの会社も真似ができない代物である。

無論、冷戦時に資本主義諸国で構成された対共産圏輸出統制委員会（ＣＯＣＯＭ）協定があるので、仮想敵国であり共産主義国の中国には高性能スクリューは輸出されていないはずだ。このスクリューの推進音は実に小さく、敵がソナーを駆使して探知しようとしても、日本の潜水艦が何処にいるか発見できないほどである。さらに音の周波数に対して自動的に舵を切り、目標まで到達する超高性能の恐るべき音源魚雷を日本の潜水艦は全艦に配備しているので、先に相手方潜水艦を発見し魚雷を発射したなら100発100中命中する。敵艦は先に発見されたら最後だ。

海洋国家である日本は大東亜戦争から、艦船の建造力は世界有数で潜水艦も「イ400型」という、折り畳み型航空機を三機も搭載できる世界最大の潜水艦を建造した国であり、戦後日本軍の潜水艦技術は世界に大きな影響を与えた。「海上自衛隊が保有する16隻の潜水艦は、通常動力船としては世界一の実力を持っており、現在アジアで対抗できる国はない」と元海自幹部は胸を張り、言い切るほどである。

そのくらい、日中双方の潜水艦の性能比較では勝負にならないほどの落差があったが、中国は近年、ロシアから静寂性の高い潜水艦を輸入し、飛躍的に潜水艦能力を向上させてきている。以前は粗悪で音がうるさいディーゼルエンジンを積み、大きな音を奏でるスクリューを搭載していた中国潜水艦も、専門家筋の分析では、すでに70％の潜水艦が近代化されてきていると見られる。近代の戦争は海軍力では、潜水艦勝負の面がある。もっと潜水艦の隻数は増やすべきだろう。

安倍首相は潜水艦を建造し続けて制海権を握ろうとする中国に対抗するために、6隻増やして22隻体制にすることを２０１３年の防衛大綱で決定した。しかし、予算上10年かかると言われている。とても遅すぎて話にならない。こうした今も中国は国家社会主義体制のメリットを生かして、多額の予算を自由自在につけ、潜水艦や巡視船や空母を建造し続けている。

海上自衛隊が誇るＰ３Ｃ哨戒機の性能

潜水艦について筆を進めてきたが、潜水艦の最大の敵であるＰ３Ｃ哨戒機について触れないわけにはいかないだろう。Ｐ３Ｃ哨戒機の能力は群を抜いている。それは世界最強のサブマリンハンターであり、潜水艦を発見し追尾し、撃沈させる戦闘能力は世界一である。大東亜戦争で旧日本海軍は痛い目にあったので、潜水艦を探知する哨戒機の能力を飛躍的に向上させてきた。海上自衛隊は、そのＰ３Ｃを96機も保有している。96機というのは米国に次いで世界第二位の保有数である。さらに改良を重ねた日本製Ｐ３Ｃは米軍の性能を凌ぐと言われている。ソマリア沖の海賊船の哨戒のため日本のＰ３Ｃに出動要請がきたほどである。初期は「対潜哨戒機」として配備されてきたＰ３Ｃは水上艦船に対する哨戒にも有効であり、洋上監視という任務についている。最近はベトナムで南シナ海の哨戒活動を始め、その存在感を増してきた。

Ｐ３Ｃ哨戒機は最大８発の対潜魚雷や爆雷を搭載できるほか、１００ｋｍ以上の遠距離から一発で軍艦を撃沈できる91式対艦誘導弾、対艦ミサイル「ハープーン」を最大４発搭載できる攻撃能力を有している。現地点での哨戒能力は優に中国を超えている。敵より先に敵艦船を発見し追尾できる哨戒能力は、軍事的には最も重要な能力の一つだ。日本は憲法で縛られ専守防衛が原則だが、近代戦では専守防衛は「死」を意味する。敵がミサイルを発射しない限り攻撃できないということであれば、ミサイルの追尾能力が通常化している近代戦に於いては戦闘は成り立たないと言ってよいだろう。Ｐ３Ｃが敵艦を発見したなら、先制攻撃を加えて撃沈させるのが普通の国の戦闘である。

弾道ミサイルの軌道を変える技術

ＰＡＣ３は放物線を描いて飛来してくる敵ミサイルの軌道を計算して、迎撃（パトリオット）する対空ミサイルである。米国はすでに、ミサイルの軌道を地上近くで急に変化させることができる技術を開発している。音速の三倍を超えるミサイルの軌道を変えられたら、これはもう迎撃することはできない。

中国軍には今のところはその技術はないが、当然その技術を目指しているのは明らかである。そうなれば、日本海側にＰＡＣ３を配備しても、近い未来、中国のミサイルが着弾寸前に軌道を変化させる技術を得たなら、パトリオットミサイルも無力化されるのだ。超音速ミサイルはマッハ２から３で飛来してくるが、超超音速は音速の10倍以上である。それだけ高速度で飛来してくると、今のＰＡＣ３の性能では撃ち落とすことができない。兵器の近代化は各国鎬を削っている。常に自衛隊は戦闘能力を向上させていかないと遅れてしまい、安全保障が危うくなるのが現代の戦いである。

ＳＦ兵器・レーザー兵器

さらには、映画スターウォーズのＳＦ世界さながらの兵器も登場してきている。それがレーザー兵器だ。レーザー兵器の優れた点は、銃弾の補充がいらないということである。ゼロ戦の弱点は搭載弾薬数が限られていたことだった。７・７㎜機銃７００発、20㎜機銃に至っては50発しか装弾することができなかった。ゼロ戦パイロットは、20㎜機銃にいたっては打った数を計算しながら操縦しなければならなかった。レーザービーム兵器は無限ではないものの、兵站の思想を根底から変える未来兵器である。米国は開発済みだということだ。近未来実戦配備されることは間違いないだろう。

最後に、自衛隊の国防予算は4兆6０００億円あるが、半分は人件費であることを指摘しておきたい。人件費が世界一高い日本は、自衛官の給与も世界一高くついている。国防予算の実に半分も人件費に食われ、新兵器の配備に充てることができる予算は半分なのだ。5兆円を切る国防予算では満足な兵器補充はできない。継続戦闘能力にも不安がある。国民の生命を守るための国防費が、先軍主義を国是とし、軍拡をひたすら目指す覇権主義国に囲まれているにも関わらず、医療負担費の6分の1以下の予算しか計上しないという現状はいかがなものだろうか。

安保関連法案の衆院通過をさせるにも右往左往している、今の日本の現状ではとても飛躍的に聞こえるかもしれないが、原子力潜水艦の配備、航空母艦の建造、核の配備もしくは核シェアリング、新科学軍事兵器の開発、自国で完結する軍事産業の育成などは早急に必要である。

安保法制改正論議の中にも、自衛隊の幕僚を呼び、現在の日本の自衛隊の実力と兵器の専門知識を発表し、各国との客観的な軍事力の差がどうなのかということも分かって議論をする必要がある。兵器の話をしたら、即、軍国主義復活、戦争法案反対というヒステリーを起こさず、軍事知識というのは外交を行う上で政治家に絶対求められる知識であるという認識が必要である。セオドア・ルーズベルトは「武力を背景としない外交は無力である」と言い放っているほどだ。また、クラウゼビッツは「戦争とは外交の延長戦上にある解決手段である」と説いている。権謀術数の鬼のマキャベリは「君主論」で「武力がなければ武力があるものには勝てない」と言い切っている。

核がなく、原子力潜水艦がなく、空母もなく、集団的自衛権が行使できず、憲法9条を改正することなく、スパイ防止法もなく、原発を稼働することなく、利する国はいったいどこなのかを、よくよく考えないといけない。

政治や軍事はリアリズムであり、感情や好悪で左右されてはならないものだ。国防は最重要事項であり、そのためには「最新鋭の武器」がなくては国を護ることができないという、筆者の軍事に関する話が「戦争オタク」として聞こえるようなら、政治家としての資質に問題がある人だ。

核兵器は日本に存在するのか

策士であった佐藤栄作首相

今、国会で議論されている秘密保護法案との関わりもあるが、当時の政治課題でもっとも大きな話題となったのが沖縄返還交渉の問題である。当時の佐藤栄作首相による「沖縄返還交渉」だが、1969年、佐藤栄作首相・ニクソン大統領による沖縄返還交渉の裏で取り交わされた内容を、外務省が作成し「わが国の外交政策大綱」となる極秘文章があったという問題だ。

当時、その真相を明かそうとした外交官が悲惨で壮絶な死を遂げている。それが各新聞紙上でも話題になったので、当時の年代の者であれば、多少なりと記憶にあると思う。

沖縄返還交渉の裏で何があったか。当時、アメリカにとっては、米ソ間の冷戦時代であり、ベトナム戦争の最中でもあった。沖縄はアメリカにとって最前線の基地として手放すことが絶対にできない状況下にあった。ましてや、当時は、日本全土が米軍の占領下にあったたし、核兵器もすでに国内に配置されているのではないかという噂も飛び交っていた。それが真実かどうかは分からないが、秘密裏に、すでに国内の数ヶ所に配置されていた核兵器及び核爆弾の貯蔵庫もあったと聞いている。さらに核兵器を積んだ米艦船の日本への寄港も問題になった。

そこで「核持ち込みを巡る日米密約」である。「日本国内での核兵器貯蔵及び配備は、日米間の事前協議が必要とする」。また、これも秘密合意で「核兵器を積んだ米艦船の寄港及び航空機の領空の一時通過などの場合、事前協議は不要とする」の密約を交わしている。

そして、佐藤栄作首相による「非核三原則・(核兵器を持たず。作らず。持ち込まず。)」のもとで、国内に核兵器の基地や核兵器を積んだ艦船(原子力空母及び原子力潜水艦)等々が寄港すること自体矛盾している。これが表面化すれば、政権は吹っ飛んでしまう可能性があることを佐藤総理も分かっていたが、実はその当時は、中国の核の脅威があった。

現代の若者にとって「東西の冷戦」と言ってもピンと来ないだろうが、ソビエトを中心とする東側陣営とアメリカを中心とする西側陣営は激しく対立し、ホットな戦争になる前の冷たい戦争を繰り広げていた時代だった。当然、日本は西側陣営に属していたのだが、その冷戦時に、対立する仮想敵国で政治体制の異なる中国が核開発に成功していたので、日本は安全保障上の危機を迎えていたのである。今の日本人は中国が２００発の核を所有し、日本の主要都市全部に核を搭載した大陸弾道ミサイルが向けられていても、平気で枕を高くして寝ることができるほど神経が麻痺してしまっているのだが、戦後自虐史観がこれほど浸透していなくて、気骨のある保守系政治家達が多数いた当時は今と違い、中国の核所有を一大事と思っていたのである。軍事知識の皆無といって良いおぼっちっやま二世三世議員が支配している、今の日本の政治家の質とは明らかに違っていた。

1964年の秋に中国が初めて実施した核実験を巡り、年明けの1965年1月に訪米した当時の佐藤栄作首相が、マクナマラ国務長官と会談している。その会談の中で「日中で戦争になれば、米国が直ちに核による報復を行うことを期待している」と表明したと。ある私の情報人脈（元外務省特務機関、2008年死亡）から聞いた。当然これも密約である。

その時、佐藤首相は、マクナマラ長官に対して、「日本は技術的にも経済的にも、核を持つ力はある。もちろん核爆弾も作れないことはない」「宇宙開発のためのロケットを生産している。これは必要があれば軍用に使うことはできる」と発言したそうだ。

こうした佐藤栄作首相による「核武装秘史」を、外務省が1969年に作成した「わが国の外交政策大綱」なる極秘文章として保管されていることも情報人脈から聞き知った。その内容の全ては分からないが、一言で言えば「当面、核兵器を保有しない政策ではあるが、核兵器製造の経済的・技術的なものは常に保持すると共に、外に漏れないように配慮する」と言った内容である。そして佐藤政権は、原子力平和利用の三原則として「非核武装三原則」を掲げながら、核兵器開発を具体化しているとも言っていた。その技術は、それほど難しい技術ではなく「東大の原子力専門学の学生だってできる」とも言っていたように思う。

それはウランとプルトニウムを取り扱う技術であり、そこから電気（原子力発電）を作ることもできるし、兵器を作ることもできる。そのための濃縮工場と原子炉と再処理工場が必要であったのだ。

しかし通常の軽水炉で生産されるプルトニウムでは原爆用としては使えない。原発と原子爆弾には大きな違いがあり、原発で使っている核燃料はウラン濃度が低く燃焼しても爆発はしないが、原子爆弾は核分裂を起こすウランが１００％あるのに対して、原子力発電のウラン燃料は、３％から５％程度なので爆発はしない。普通の電力用原子炉では原子爆弾には使えない。

そこで１９６５年、日本で最初に導入された東海原発の原子炉は、英国で核開発用に製造された黒鉛減速炭酸ガス冷却型の原子炉である。この原子炉を利用すれば、年間に最大で20発の核兵器を製造することは可能と試算されたそうだ。そして、1967年には動力炉・核燃料開発事業団（動燃）が発足し、高速増殖炉の開発を始めたと聞いている。その高速増殖炉が完成すれば、使用済み核燃料から戦術核といわれる高性能小型プルトニウム爆弾を製造することができるそうである。

そのため、1971年には東海原発から取り出した使用済み燃料からプルトニウムを取り出すための、東海村再処理施設の建設が始まったということだ。そして、その後、茨城県大洗町に高速実験炉「常陽」、福井県敦賀市に高速原型炉「もんじゅ」等々の建設が進められたというのが真実らしい。

その後の事は分からないが、1995年には高速原型炉もんじゅが火災事故を起こし、1997年には東海再処理工場が事故を起こしている。1999年にも東海村で臨界事故を起こしているので、その後、核兵器が現実にあるのかないのかは定かではない。あると言えばある。ないと言えばない。実に不明開な言い方になってしまう。

筆者の情報人脈の「某氏」から聞いた話では、「日本には核兵器は存在している」というのだ。これは実に驚きである。「それは、どこにと聞くと」、口を濁しながらある場所を教えてくれた。

「ある場所（秘密）」をどことは言えないが、事実かどうかは定かでない。言えば、最初に書いた某外交官と同じ運命になるかも知れない。

話を戻すが、その後の沖縄返還交渉の条件として、国内にある米国の核兵器と核兵器貯蔵庫を国内に配置したままでは非核三原則に反するのと、国民の知ることになれば政権は持たない。そこで佐藤総理は苦心したあげく、「日本は、核武装はできる」としながら「核武装せず米国に期待する」と表明した。そのため「非核三原則」などが評価され、１９７４年にノーベル平和賞受賞する。これは「事実隠しの陰謀以外にない」とも言っていたように思う。

結局、沖縄を日本に返還するが、アメリカの世界最強の核戦闘部隊と沖縄本島及び周辺島の四ヶ所に核弾頭と核兵器貯蔵庫を分散配置することを決め、１９７２年5月に沖縄返還と同時に実行された。

しかし、沖縄返還後は日本の領土になったので、沖縄といえども、日本国内に核基地が存在することになり、非核三原則は嘘になる。それでも沖縄を取り戻したという意味では、佐藤栄作さんは相当な策士であったと思う。戦後の総理としては稀に見るやり手であったとのではないだろうか。

次に尖閣諸島領有権問題にも根拠がある

さて、この沖縄返還の前後にも秘密があり、それが今、尖閣諸島の領海問題として顕在化してきているが、ここにもやはり、秘密保護法に触れる問題がある。

当時、アメリカは沖縄返還の一年前に、すでにアメリカにより調査済みだった尖閣諸島周辺の資源調査結果を国連に持ち込み、国連に再調査させた上で、それも国連の名前で原油埋蔵量日産１０００万バーレルを発表させる。そして、それをもって中国に領有権主張を焚き付けたという事実がある。

それでは、何故中国に？　と思うが、先述のとおり、米ソの冷戦とベトナム戦争の最中で、共産国である中国が核実験に成功したという背景がある。米国は中国が敵に回ることに脅威を感じ、また日本も同じ脅威を感じていた矢先だけに、そこで佐藤首相との密約が交わされたと聞いている。いわゆるソ連に対しての包囲網である。中国にとってみれば、原油埋蔵量日産１０００万バーレルは喉から手が出るほどの魅力である。だから、その発表直後から中国は領有権が中国に属することを内外に示すために、慌てて自国の地図と教科書を編集したほどである。

そして、１９７２年、アメリカから日本への沖縄返還に当たっては、アメリカは沖縄本土の領有権と施政権は返還したが、尖閣諸島については施政権のみ返還し、領有権については日本に属するか、中国に属するかを、あえて曖昧にすることにしたのだ。それは日産1000万バーレルの油田を日中両国で共同開発する道を開かせたかったからである。要は、石油という喉から手が出るほど欲しい資源をちらつかせながら、中国を取り込みたかったのだ。

ところが、いつも米国が描いたシナリオというのは国際紛争を拡大する方向に進み、現在、尖閣諸島領有権問題により、日米中が軍事衝突する可能性のある最大の問題に発展してしまっている。第二次世界大戦で、共産勢力の抑止力として存在価値のあった日本を叩き潰すことにより、東側の共産勢力と直接対峙せざるを得なくなった米国は、今度は日中両国に尖閣問題を焚き付けることにより、ソビエトではなく中国と向き合わねばならなくなったのである。

それだけではない。米国はさらに戦略ミスを重ねる。米国は貧乏大国の中国経済を発展させるという大方針のもとに、クリントン元大統領が日本パッシングをして中国と蜜月を重ね、人工的に中国を世界の工場に仕立て上げることにした。しかし、中国が短期間に想像を超える経済的発展を果たし外貨を獲得したことにより、その経済力が強大な軍事力に変わり、逆に覇権国米国に挑んでくる中国を作ってしまったという、実に間抜けな米国がそこにある。このように米国の戦略はいつも肝心なところで間違っていることを指摘しておきたいと思う。

再び、話を元に戻すが、その年の7月に佐藤内閣は倒れ、田中角栄内閣に代わる。そして佐藤栄作前首相は二年半後に亡くなる。その結果、佐藤、ニクソンの密約は雲の彼方へと消えることになった。

が、…本当にそうだろうかが疑問である。なぜならば、歴代の首相が決定したことが後の首相に引き継がれていなければならないはずである。だから、ここにも、実は秘密があるのだ。

歴代の自民党政権なら引き継ぐことはあるが、他党政権であれば秘密として隠し通すこともあるのが日本の政治である。従って政権交代が何度かあったが、国家最大機密である核のことは自民党以外の政権は全く知らないし、知らされないはずである。

しかし、その事実すら、知っている人はもうすでに亡くなっている。が、当時の外務大臣であった安倍外務大臣、現政権の安部晋三首相の父であったので、安倍さんは百も承知だろう。そのため、秘密保護法を急いで制定したのだと思う。

それ故に、安倍総理がこの尖閣諸島の問題をどう解決するか、佐藤首相のような手腕があるかどうかは今後の見どころだと思う。

知らせない権利、知らない自由も

最後に一言つけ加えておく。当時の米国の国益とは、一に石油の利権、次にドルの国際通貨の拡大である（ブッシュ大統領時代まで続いていた）。過去のアメリカの戦争は、全て石油の利権とドル通貨の拡大のために行われた。

一つの例を挙げれば、１９９１年のクウェートの石油基地を巡る湾岸戦争が起こった。そして、２００３年のイラク戦争が起こり、米国はイラクを攻撃しフセイン大統領を拘束した。当時、イラクの原油はフランス、ロシア、中国が膨大な資金を投入して開発し、通貨はユーロであった。それ故に、フランスをはじめユーロ圏の国は、多国籍軍には参加しなかった。ユーロ国でないイギリスのみ参加したが、結局、アメリカの独断で戦争になった。そしてアメリカが勝利し、イラク戦争後はアメリカの支配下になり、油田の利権とドル通貨を取り戻したのである。

最近では、米国は、リビヤやシリアには介入しなかった。その理由は産油国ではないからだ。このように、アメリカの戦争は、ほぼ石油とドル通貨を護るための戦争であった。

いずれにしても、政治には、どこの国にも秘密保護法は存在している。それが普通の国である。これがなく、何もかもマスコミの「知る権利」に応えていては国益を損なう。国益を損なう「知る権利」「報道の自由」があるなら、国益を守る「知らせない権利」「知らない自由」もあってよいと思う。

イスラエルに正義はあるか

イスラエル誕生のいわく

イスラエルという国家は、第二次世界大戦後、米英の支援を得てシオニズム運動が起こり、ユダヤ人の国家として人工的に創られたものである。ユダヤ人たちは国家を失い2100年近く流浪し続けた民である。ナチスのヒトラーの反ユダヤ政策のもと600万人も虐殺され可哀そうなので、もと国があったとされる、今のイスラエルがある地に1900年ぶりにユダヤ人の国家をつくったのだ。

チャーチルをはじめ、米英の協力と支援ならびに世界最強の軍事力という背景がなければ、とても実現できなかったことだ。米国社会の金融、石油、マスメディア、政治を陰で操っているユダヤ系の実力者の支援と指示があったことは言うまでもない。

しかし、その地は2000年近く国が存在してなかったので、ユダヤ人以外の異民族であるパレスチナ人が居住してしまっていた。その彼等をその地域から無理やり追放して、ごり押し状態で建国をした訳である。その後は、第一次中東戦争が勃発し、第二次、第三次と回を重ね第四次中東戦争まで継続して戦争状態は続いている。イスラエルは米英の支援を得て通常兵器は世界第二位とまで呼ばれる軍事大国となり、さらには、核武装まで行った。

中東ではイスラエルだけがユダヤ教であり、イラク、イラン、シリア、エジプト、サウジアラビアなどイスラエル以外の諸国はイスラム教である。宗教の違いと国家誕生の経緯から、中東の構図はイスラエルvsアラブ諸国である。イスラエルとしては、いつ攻撃されるかわからぬ危機感から〝ハリネズミ国家〟として自主防衛を行っている。たしか、女子まで徴兵制度があるはずである。

「核拡散防止条約」という核所有国にだけ一方的に有利な条約を核所有国である常任理事国が申し合わせ、勝手につくったうえ、イスラエルには核武装を容認したのに中東諸国には容認しないという、きわめて不公平な現実がある。イスラム教国というのは現代社会に適応していない遅れた異教徒の集団であり、自由化して解放してやらねばならないという、キリスト教国側の優越感と傲岸不遜な態度が根底にある。

そこに石油利権も加わり、ブッシュ親子2代にわたる怨念と執念で、その象徴のイラクを叩き潰し、滅ぼしたわけである。イスラエルは米英の可愛い子飼いであり、和平の調停もするが、戦争となればイスラエル側に立つ姿勢を崩すことは金輪際ない。

つまりイスラエルという国が存在する限り、中東が一つになることはなく、戦争の火種は永遠にくすぶり続けていくことになることは必至だ。どちらかが亡びるしかなく、和平の可能性は限りなくゼロであると言ってよい。

どっちが悪い？

さてここで全日本人への質問である。

「土地を奪われたパレスチナ人を含むアラブ諸国とイスラエル、どっちが悪いのでしょう」

日本人の多くは、中東の国々のことは正確には分からず、何故か米英側史観でものを見ている。しかし、歴史的経緯から考えると、人が何世紀にも渡って住んでいる庭に突如勝手に入ってきて、「2000年前に住んでいたのでここはユダヤ民族の土地であったのだからとっとと出ていけ」と乱入し、勝手に建国をし、パレスチナ人から全てを奪ったうえに核武装までして豊かに暮らしていたら、中東の人々が怒るのも当然であろう。

その心情は決してパレスチナ人だけのものではなく、全ての中東諸国民族に共有しているのもうなづける。建国したいのなら中東の地に移住してこずに、同じ砂漠のあるアメリカのネバダ州に建国すればいいではないかと思うだろう。それが分からぬのは西側諸国だけである。

例えて言えば、日清戦争で勝ち、遼東半島は日本に割譲された土地だが、三国干渉にあい放棄させられたものである。それを今になって、「そこは我が国の領土である」と突如主張して、「遼東国」という国を日本政府が中国遼東半島に建国したら、たちまち戦争になり、どちらかが滅ぶまで終わらないだろう。

逆に「琉球は中国のものである」と宣言し、突如漢民族がなだれ込んできたら、当然戦争になるだろう。これと同じことをしたのがイスラエルに今住んでいる人たちであり、米英という大国であったのだ。

しかも、米国、ロシア、フランス、イギリス、中国の常任理事国に居座っている第二次世界大戦の戦勝国？の国々は、傍若無人な「イスラエル」という国を国家として国連憲章で認めたわけだ。一方で、彼らが興味のない「台湾」などは、中国の拒否権の連発もあり、「国」として未だ承認しないでいる。国連なるものの正体は戦勝国の利益優先団体であり、日本・ドイツを含む敗戦国を排除した、とても世界平和を願った中立的な組織とは言い難い。

筆者は１９４８年に米英がイスラエルという国を非合法に建国させたことが「悪い」と

思う。悪いのは泥棒した米英・イスラエルであり、そこに胸を張って言える正義はない。イスラエルが泥棒、パレスチナ人は泥棒に入られた被害者である。真実は覆しようがない。

この彼等の暴挙が世界最終戦争の火種をつくってしまったと言ってよい。ハルマゲトンとは新約聖書の「ヨハネの黙示録」に予言されている世界最終戦争のことであるが、実はイスラエル国内にある「地名」を指す。ここからして、最終戦争がイスラエルとアラブの間で行われる核戦争である可能性を暗示するかのようである。今後予見されることは、結果的にはイランが核を所有するであろうし、そうなれば、エジプト、サウジアラビアなどでも核保有に向けた国論が巻き起こるだろう。

そして、一歩間違えば、「ハルマゲトン」という予言の地での核の打ち合いも現実のものとなる。北朝鮮の核保有に世界がいくら反対しても、六カ国協議の合意や経済制裁を無視してまで三回目の核実験を成功させ、それにより他国も下手に手出しできなくなった。それと同様に、西側がいくら反対してもイランを先頭にアラブ諸国も自己防衛のために保有することを止めることはできないだろう。またイスラエルが核武装解除する以外、それを止めるべき説得力もない。イスラエルの核所有は良いことだが、アラブ諸国の核所保有は悪いという理屈は通らない。

希望の星は日本だけ

アメリカという国は、大きなところで世界戦略をミスっていると思う。太平洋戦争で日本を叩き潰した結果、共産主義の防波堤を失い、ドミノ理論の通りに世界中に共産主義が広がり、「冷戦」という戦いを強いられるはめになった。つまり太平洋戦争はアメリカも敗戦した戦いであったのだ。

歴史のイフを言うと、日本が敗戦していなかったなら、中国、北朝鮮、ベトナムの共産化は絶対になかったはずである。そして今、アメリカは中国、北朝鮮と戦わざるを得ない現実を突き付けられている。

一方中東ではイスラエルという国を建国させたばかりに、中東諸国と泥沼の戦争をせざるを得なくなってしまっている。日本と戦わずアジアの盟主として今のような関係を築いていたら全く違う世界地図があったろうに。日本を攻撃し、大日本帝国を滅亡させ、イスラエルを建国させた、二つの大きなカルマを背負った鷲は、年老いてしまった体で今、窮地に立たされている。

21世紀初頭の現実はすさまじい。「中東」と「極東」に二つの巨大な憎しみが溜まり、暴発のカウントダウンが始まってしまっている。冒頭で述べた通り、西側のアメリカから見た世界観を無前提で受け入れず、しっかりと歴史的背景から世界情勢を分析し、「正義」は一体何処にあるか、見据える慧眼が求められる。

実は、日本こそが「中東」と「極東」の平和を実現できる唯一無二の「国」であり、世界の希望の星であるのだ。

シリアを中心とした中東紛争はロシアとアメリカの代理戦争だ

オバマの弱腰、プーチンの攻勢

世界情勢はますます混沌としてきた。シリアでは、プーチンがやりたい放題。現アサド政権とくっついているからこれができる。「アメリカ軍はもう中東には出てこない」と、オバマ政権をなめきっている。イラクから地上軍を撤退させたのは、ほかでもないオバマだからだ。そこから中東が乱れてきた。

ロシア空軍は、シリア国内に正式に空軍基地をつくった。そこへ攻撃機を１５０機も派遣している。もちろん乗組員も整備士も正式のロシア兵だ。ロシア海軍は、カスピ海から巡航ミサイルを発射し、イラン・イラク、シリア国内に着弾させた。射程６００キロだから十分届く。「同盟国シリア政府の要請により」と言えば、国際法上何の問題もない。

それに引き換え、西側ＮＡＴＯの有志連合の空爆は、主としてペルシャ湾の空母からだ。空母を派遣しているのはアメリカとイギリス。フランスは空母すら出すことなく、シリアの隣国ヨルダンから出撃させている。空爆の規模は圧倒的にロシアが優位だ。シリア国内の基地にかなうはずもない。

ウクライナでも、プーチンは既にクリミア半島をロシアに取り込み、さらに東部のドネック、ルガンスクの二州をロシアに編入しようと、ロシア人義勇軍を派遣して、ここでもやりたい放題だ。それに際しても、西側の足並みはバラバラだ。これらもオバマの弱腰のせいだ。イラクから地上軍を撤退させたことで、プーチンに足元を見透かされてしまった。「腰抜けのオバマが相手なら大丈夫」と、プーチンを勢いづかせ、逆に西側諸国を怖気づかせた。

シリアの内戦も、反シリアの勢力自体バラバラだ。反アサドの穏健派民主化勢力もいくつにも分かれているし、反アサドの過激派も雑多な勢力の一つでしかない。そこにクルド人武装組織が加わり、イスラム過激派組織ＩＳが割拠している。それらすべてが互いに武器を持って戦っている。四部五裂、ゴチャゴチャだ。収拾がつかない。とても空爆だけで収まるわけがない。

ことにアメリカが期待した穏健派民主勢力というのは、事実上消滅してしまっている。アメリカが地上部隊を出さずに見殺しにしたようなものだ。アンケートでは歴代の大統領の中で、ワースト１はジミー・カーター大統領だったが、オバマはアメリカ大統領史上最も弱腰大統領であったと、正史に名を留めることになるだろう。

アメリカ人は、ヒーローが大好きで、今の弱いアメリカに嫌気がさしている。民主党の予備選挙はヒラリー・クリントンで決まりだが、今度の大統領選挙は強いアメリカを復活してくれる共和党が勝利するのは間違いないことだろう。

プーチンは「アサド政府打倒」なんか止めて、大国が団結して、「イスラム過激派ＩＳとだけ戦おう」と呼び掛けている。アメリカの唯一同盟国であるイギリスもプーチンの意見に賛成していると言われている。ある意味では筋が通っているし、有効性がある。決断できないオバマはこのままズルズルいくしかない。その一方で、何百万人の難民が生まれ続けている。

「友愛の海」「コンクリートから人へ」の鳩山や、「チェンジ」のオバマのようなリベラルで平和主義者の穏健派がリーダーになったら世界に平和が訪れると思いきや、世界は混とんに向かい、戦争が絶えなくなってしまった。中東政策を完全に誤ったオバマの政策のせいで、中東の出口は全く見えない。この地は、旧約聖書で予言された最終戦争のハルマゲトンが起きる地であることを忘れてはならない。

深刻化するシリア難民問題

シリアで内戦が始まって4年半、戦乱を逃れて国内外に避難したシリア人は全国民（2240万人）の約半数以上にのぼった。膨大な数だ。特に最近は難民に対する保障が充実し、経済的にも豊かなドイツを目指し、沢山の人々が移動している。その結果、ドイツへの入口となっているハンガリーでは幹線道路が混乱したり、列車の運行に支障をきたしたりするなど、多くの問題が発生している。こうしたシリア難民への対応に関して、それぞれの国が対応を求められているのも確かだ。

特に積極的なのはドイツ、スウェーデンだが、ドイツはすでに約10万人以上のシリア難民を受け入れており、今年だけで80万人を受け入れることを表明した。スウェーデンは今年7万4000人を受け入れることを表明し、さらには難民認定したシリア人全員に永住権を与え、すぐに家族を呼び寄せることができるようにするといった特別な施策を行っている。

また欧州へ向かう途中に船が転覆し、トルコの海岸に漂着したシリア人男児、3歳のアイラン君の遺体写真は多くの国々に大きな衝撃を与えた。その報道以降、受け入れに消極的だった欧米諸国でも、人道的理由から受け入れの表明が数多くなされた。

イギリスのキャメロン首相が一転してシリア難民受け入れを表明したほか、オーストラリア、ニュージーランドなど同様の声明が出された。またアメリカにおいても、来年までに1万人のシリア難民受け入れる旨の声明が出されている。

◆消極的なアラブ諸国

その一方で欧州よりも文化や宗教的価値観がシリアに近い、GCC加盟6ヶ国（バーレーン、クウェート、オマーン、カタール、サウジアラビア、アラブ首長国連邦／UAE）については、難民の受け入れに対して消極的な姿勢を見せている。難民の絶対数が多過ぎるため、国内秩序が乱れ、経済の混乱を招く可能性がある点、またシリア難民とISのつながりがある可能性があり、安全保障上の観点からも、これら諸国では消極的な対応がなされている。

代理戦争が生んだ難民問題に立ち向かう

◆求められる日本の難民受け入れ

こうした問題について、日本に対しても国際社会の一員としての対応が求められている。国連の外務担当者より日本に対し「シリア難民４００万人の受け入れ協力を要請する」というコメントが出された。難民受け入れに消極的な態度を続ける日本に対し、「お金は出すが難民は受け入れない」とワシントン・ポスト、英インデペンデント紙など多くの海外メディアにおいて、批判的な記事が相次いで出されている。

どこかで聞いたフレーズの批判の再登場だ。そう、湾岸戦争の際、大金だけ出して出兵せず血を流さない日本に対して、国際社会の風当たりが強かった。クエート政府からは、大金を拠出し協力をした日本への謝意はなかったという、おまけつきだ。

実際にこれまで日本に難民申請をしたシリア人は60人で、そのうち認められたのは３人、また30人が「人道上の理由」により、長期滞在許可を得ている状況だ。２０１４年は、ネパール、ベトナム、タイなどを中心に過去最高の合計５０００件の難民申請を受け、認められたのはたったの11件だった。この認可された難民申請数の割合は先進国の中で最も低く、非常に難民の受け入れに厳しい態度を取っていると言える。日本らしいと言えば、日本らしい。

日本はシリア難民問題にどう立ち向かい。どう対応すべきなのか。言語の問題や宗教的、文化的違いから受け入れ体制が不十分である。さらにはＩＳとの繋がりが可能性として考えられ、安全保障面が脅かされるなど、現段階では問題点が山積というのが正直なところだ。

しかし、世界のリーダー国としての立場、また外交面、特に欧米諸国との関係構築強化といった側面から見れば、やはりシリア難民受け入れは避けることはできないのではないかと思う。また長期的に見れば、今後、労働人口の減少、国家の経済力の低下が危惧される日本では、難民を含む外国人の受け入れは、避けて通ることのできないことにもなるだろう。

今まで通り一言語一民族の純血国家として、今後も労働人口の減少、少子高齢化を克復して、世界の経済大国として君臨していくことができるのならば、それに越したことはないが、歴代の少子化担当大臣の、名ばかりで不作為な仕事の連続を見る限り、今後も決定的な少子化対策により多産化が進むとは考えられない。

先進国が抱える少子化対策の成功例としては、婚外子、いわゆるシングルマザーに対する手厚い福祉政策が功を奏したことが共通している。日本は、多産に対する補助も婚外子に対する補助も渋い。これでは成功しない。

となれば、保守系も反対者が多く、政策としては人気のない外国人労働者を受け入れるか否かという、選択が迫られている。その1つのケースとして、今回のシリア難民の受け入れを捉えることも可能であると思う。無論、難民かテロリストかの判別は厳重に行うのは当然という前提でだが。実際にドイツでは、難民の受け入れを経済力へと転化する試みが積極的になされ、今回のシリア難民の受け入れもそうした理由が強く働いていると言われている。

治安悪化を理由に、外国人の受け入れを反対する言論人は保守系の人でも多いが、難民受け入れ問題を難民受け入れ問題として見るだけではなく、出生率の向上と人口減対策という、日本が抱える問題点と絡めて議論すべきではないか。

移民を積極的に受け入れ、気がついたら3億人の人口を抱える世界一巨大な一般消費のあるアメリカ。有色人種が増え、今後も人口増が見込まれる国家、アメリカ。その逆に単一言語単一民族の原則を崩すことなく、西洋化してしまい、少子高齢化が急速に進んで1億2千数百万を頂点として、人口減に陥り、今後近い未来8000万人にまで人口減少してしまい経済が縮小してしまうことが確実視されている日本。両者の国の移民政策は丁度、両極端であった。

日本の政治家は伝統的に長期的視点、長期的戦略に欠けている。人口問題は、労働人口の減少問題とも、社会保障問題とも直結する日本のアキレス腱である。先の国会を賑わせた集団的自衛権同様、シリア移民受け入れ問題をきっかけに国民的議論をすべき時であると思う。

パリ同時多発テロ事件から一週間 国際情勢は一変した

テロが思い出させた国境

13日の金曜日は、キリスト教では不吉の日とされている。イエス・キリストがゴルゴタの丘で処刑されたのが13日の金曜日とされるためだ。11月13日、金曜日、フランスのパリで同時多発テロは起こった。死者129名、負傷者350名あまり、稀有な無差別大規模虐殺事件であった。

テロと言えば、主として、宗教の違い、異教徒に対する「聖なる戦い」であると、一般には思われてきた。しかし今は違う。

ISによるテロは相手を選ばない無差別殺人行為で、非武装の市民、女子供に至るまで容赦なく襲う。「聖なる戦い」は、殺人を合理化する方便にすぎない。

エジプトでのロシア旅客機墜落事故も「テロによる爆破」だった。テロリストの仕業であることを否定していたプーチン大統領も、ようやくテロと認めた。おそらく、エジプトの空港にテロリストの手先を潜り込ませ、爆薬を積みこんだのであろう。空港の係員にテロリストの手先がいたとすれば、たやすいことだ。

この時点で世界中に緊張が走った。最早、一国の警察だけでは対応できない。世界中の警備当局が連携しなければ防げないだろう。現在のＥＵ諸国には国境管理がない。それは、ＥＵ統合時に、国境をなくすと同時に国境管理の廃止も決めたからだ。ＥＵの通貨を一つにし、経済的な流通も往来も自由にするという理想があった。また、移民や難民の受け入れも、その理想主義に基づくものであろう。それも、これからも平和で安定した時代が長く続くものとして考えられたためだと思う。

しかし、時代は止まってはくれない。過去に遡っても、世界の秩序が半世紀も続いたためしは皆無である。しかも、中東を挟む欧州では争いの絶え間がないことは分っていたはずだが、この辺は戦後の日本の能天気と同じのようにも思える。

このことについて、筆者はいつも疑問視していた。いくらＥＵ統合とはいえ、加盟国はそれぞれ一つ一つの国である。国である以上、国境も無ければ国境警備もないのはおかしいと以前から思っていた。国民国家というものがなくなるはずがない。

案の定、パリ同時多発テロ事件から一週間となる20日、フランスなど欧州連合（ＥＵ）加盟国の内相らが会合し、対テロ包囲網の構築に向けて動き始めた。

テロリストが国境を自由に往来できるＥＵの現状に対処するためだ。安全保障を重視して国境審査の導入へと傾くのか。いま、世界は注目している。域内の移動の自由を掲げたＥＵの理想の理念は、今、試練の時を迎えていると言える。

ＥＵの成り立ちは、そもそも不純なものを含んでいる。世界のスーパーパワーである日米の通貨、「円」「ドル」に対抗するために通貨統一による経済の自由化を果たし、欧州経済圏を樹立するという表向きの理由以外に、ドイツの監視というもう一つの目的があった。ドイツ一国が強国化すれば、ヨーロッパの軍事的均衡は破られ、二度の世界大戦が勃発したという歴史的経緯があり、ドイツへの警戒はヨーロッパ各国のコンセンサスになっている。その被害が最も大きかった、国境を接するフランスが音頭をとって、東西ドイツが統一し膨張する可能性の見えたドイツを封じ込めるためにＥＵを作ったというわけだ。

ドイツが加盟することによりＥＵ全体に呑みこまれ、列強の一つに過ぎなくなり、ドイツは弱体化し、フランスは密かにイニシアチブをとれると踏んだのだ。

しかし、歴史は皮肉にも時の経過と共に、経済面ではドイツ一強多弱のヨーロッパが出現し、ドイツが経済で支配するようになってしまった。今や、ドイツの声が一番大きくなり、ドイツの意向を無視してＥＵは成り立たなくなっている。ヒトラーのヨーロッパ平定の夢が違った形で実現したのかもしれない。

また、今回の同時多発テロ事件においても、ＥＵ諸国で重要なテロ情報の共有が出来ていない。こうしたこともまた、国境がなくともＥＵがそれぞれに固有の国であり、それゆえ一枚岩ではないことを巧まずして証明しているのではなかろうか。

フランスのカズヌーブ内相は、19日記者会見で「欧州各国から（主犯とされるアバウド容疑者の）情報は入らなかった」と、ＥＵ諸国間で情報の共有ができない実態を暴露し、特にベルギーに対して不満を表明している。

また、オランド大統領は、今度のパリのテロも「シリアで計画し、ベルギーで準備して、パリで実行した」のだと強調した。

これに対して、アバウド容疑者の出身国ベルギーは、フランスからの非難に対して、「中傷を目的とする批判は受け入れられない」と、ミッシェル首相が自ら19日に反論している。

テロを阻止できなかった責任の所在を巡る両国保安関係者の非難合戦は、情報共有の困難さを浮き彫りにしている。

また一方で、ベルギーには、首都ブリュッセルの近くに、イスラム教徒がたくさん住みつき、麻薬や武器の取り引きが公然と行われている町がいくつもあるという。そこがテロリストたちの格好の隠れ家になっていて、資金源の一部にもなっているようだ。いかに、ベルギー政府や警察が無力であるかがうかがえる。

さて、そこでかなりショッキング話だが、米国政府当局者によると、イスラム国（ＩＳ）の一部の戦闘員が覚せい剤にも使われる、アンフェタミンが含まれる錠剤を飲み戦闘などに望んでいるということが一部に伝わる。この錠剤は「キャピタゴン」と呼ばれ、活力を高め、気分を高揚状態にさせ、これを使えば「生死などどうでもよくなる心理状態になる」との証言もある。

ＩＳの前身組織であるイラクのアルカイダ系組織は戦闘員にアンフェタミンを摂取させ、「撃たれても痛みに耐えられる状態に」追いこんでいたとされる。まさに気の狂った組織が存在しているのだ。

今回のパリの同時多発テロ事件の特徴は、犯人たちのほとんどがフランス国籍だということだ。フランスの法律では、フランスで生まれさえすれば自動的にフランス国籍になれる。日本では考えられないことだが。

戦前はフランス領だった、モロッコやアルジェリアやシリアから来た移民は、二世、三世の世代になっている。彼らは、フランス生まれで、フランスで教育を受けているが、ここでは決して白人にはなれない。そういう人達がフランス全土の人口５０００万人のうち５００万人以上を占める。実に10％にも及ぶ数だが、そのほとんどがイスラム教徒なのだ。

今、フランスではこのテロの反動で、「難民の受け入れを拒否」する動きが出てきはじめた。それも、前述のように、ＥＵには国境管理がないからだ。一度ＥＵに入ってしまえば、後はフリーパスだからだ。今回のテロの主犯格の男はベルギーで借りたレンタカーを使って、問題なくフランスに入れた。これを知ったフランスの市民たちが疑問を感じ始めている。

さらに危惧されるのは、「生物兵器・化学兵器」を使ったテロが起きる可能性だ。フランスの議会は19日、パリ同時多発テロ事件後に出された「非常事態宣言」を３カ月間延長する法案を迅速に成立させた。その３カ月内には大統領権限を強化する憲法改正を行うとも発表している。また、国民も国民の自由を一部抑制し、政府の権限を最大限強化する「非常事態宣言」の長期化の成立に対して理解を示しているという。

バルス首相は、「あらゆるリスクに備えるべきだ。生物、化学兵器を使ったテロが多発する可能性を考え、治安維持に関する政府の権限を強化すべき」と訴えた。これが日本なら、半年か１年はかかるだろう。その敏速さを日本は学ばねばならないだろうと私は思う。

復活するプーチン、失敗するオバマ

オランド大統領は、「これは戦争だ」と言い放った。今回のテロは、政府、軍、警察といった警備の厳しい施設を避け、市民が多く集う競技場やレストラン、劇場など無防備な所ばかりを狙った。お陰でパリの繁華街から人の姿が消えてしまった。

このままでは、フランスの観光産業は壊滅してしまうことへの危機感から、大統領をしてそう言わしめたのであろう。

フランスにとって観光産業は国全体を左右する一大産業で、いかなる手段を使っても守らなければならない最大の国益だからだと言える。

また、英国ＢＢＣ放送は「テロリストによる世界戦争の時代を迎えた」との識者の声を紹介している。問題は、今後、化学兵器、若しくは核兵器の使用も可能性が無いとは言えない見方もある。もし、このテロリスト集団が核を手に入れたら実際に何をするかは分からない。

だから戦争なのだ。シリア沖の地中海には、空母ドゴールを出撃させて、ＩＳへの空爆を繰り返している。当然、アメリカも原子力空母ロナルド・レーガンを地中海へ出して、連日、空爆を強化している。

ロシアも、ミサイル巡洋艦1隻と駆逐艦2隻をシリア北部の軍港に派遣している。その近くのシリア領内にも空軍基地を置いて、ＩＳに対する空爆を繰り返してきた。

プーチン大統領は、残虐非道な過激派組織「イスラム国」ＩＳに対して、「地上のどこに犯人たちが隠れようとも、見つけ出し罰を与える」「空爆作戦を継続するだけではなく、犯人たちに『罰からは逃げられない』と理解させるため、これを強化する」と、17日、国営テレビのカメラに向かい、怒りを込めてこう明言した。

そして、「鉄の男」の異名に違わず、ロシア軍は同日の朝から長距離戦略爆撃機を投入し、シリア北部アレッポにあるＩＳの拠点などを攻撃した。出撃は一日で80回を超え、２０６ケ所を完全に破壊している。

この鉄の男の決断で、一説には、空爆で相当の痛手を受け、ＩＳ本拠地はかなり弱体化しているという。また資金源にしてきた原油はものずごい値下がりと空爆による打撃により、もはや資金源にはならないところまで追い詰められているという。

プーチンがそこまでやるのも、先の国際安全保障会議で、プーチン大統領と米国大統領オバマとの会談で、「世界が共通する敵はＩＳである」と強調し、会議の参加国から称賛を得たことが背景にある。オバマ大統領も、これは深刻に受け止めざるを得なかった。

結局、アメリカも妥協するしかないのだが、そのオバマが本気で妥協すれば、ことは前進する。そのカギは、「アサド政権の是非は先送りして、当面、共通の敵、ＩＳの打倒に集中する」こと。それ以外にないと思う。

フランスのオランド大統領は、鉄の男、戦争屋プーチンとの共闘を選び、のこのこモスクワまで出かけて会談することになっている。

戦乱の時代に突入したら、ロシアのクリミア併合も何も関係ない。力の強い者と組まねばならない。欧米による経済制裁で兵糧攻めにあい、疲弊していたロシアはここに来て、世界情勢の急激な変化のなかで復権してきた。風向きは変わったのだ。

「敵の敵は味方」という古典的な原理のもと、西側と共闘するチャンスに恵まれた。ついている男だ。欧米は振り上げた手を下す以外にない。パリ同時多発テロ事件前から、ＩＳに対して猛烈な勢いで空爆していたロシアに対して、各国の評価は逆転したと言ってよい。軍事介入の本音はアサド政権存続のためだったが、嫌われ者ロシアの国際的立場は変化してしまった。

筆者が思うには、ＩＳ打倒のためのみに「米ロの軍事同盟」を組めば、フランスをはじめ欧州連合はいやおうなしに共通の敵に対して思いを一つにすることができる。そうすればＩＳの勢力も次第に沈静化するかも知れない。

しかし、過去、中東政策に失敗し続けたオバマは決断できないだろう。オバマは中東政策で既に3つの失敗を犯してしまっている。

1つ目は、就任してすぐ行ったイラクからの米軍全軍撤退である。前共和党政権ブッシュの逆をやるという、よくあるスタンドプレーで、テロが頻発し治安も悪く内政が固まっていないのに、警察権力にあたる米軍が撤退したのでイラクの混乱を抑制する勢力はなくなり混乱を極めた。このミスジャッジが未だ尾を引いている。

2つ目は、アフガニスタン戦争を指導したことだ。オバマは「これは私の戦争だ」と言い放ち、3年で戦争に勝つと何の根拠もなく勇ましく宣言したが、アフガンの抵抗は予想を超え、ソ連の軍事介入の時と同様の結果が出てしまった。米軍は勝つことが出来ないいま、負け戦にのめりこみ撤退に追い込まれている。オバマが肝煎りで始めたアフガン戦争は第二のベトナム戦争となってしまった。

3つ目は、シリアのアサド政権が反政府勢力や難民に対して毒ガス兵器を用いて大量殺戮を図っても、軍事介入する決断をしなかったことだ。結果的に、あの決断がイスラム国を肥大化させて、今の世界の混乱を作り出している元凶になっている。そしてそれが、パリ同時多発テロ事件に繋がっていると言ってよいだろう。世界は、不幸なことにスーパーパワーの覇権国・米国に優柔不断な指導者を持ってしまったゆえに、闇に沈もうとしている。

そもそも、演説が上手なだけのシカゴの人権派弁護士で、国際外交と軍事の経験も知識も欠けている大統領であったのだが、さらに、彼にイスラムの血が入っているがゆえに、中東で戦火を交える決断を躊躇させたのだろうと言われている。オバマは中東外交に完全に失敗したのみならず、中国外交に対しても失敗し、今度は南シナ海で対峙せざるをえなくなってしまっている。オバマの外交はことごとく失敗した。

しかし、「次はアメリカの首都ワシントンをやる」という情報も入っているらしい。ことに危ないのは連邦議会の議事堂だ。この建物は、市民に開かれた建物で、濠も城壁もないのが弱点でもある。そこを突かれたら、金属探知器で銃器はチェックできても、身に付けた自爆装置はプラスチック爆弾なので発見は不可能に近いだろう。

結局、本拠地でＩＳの息の根を止めないと解決できないのではないかと思う。空爆だけではなく、ＩＳの本拠地に相当の地上軍を派遣して撃退するしかない。お茶を濁す程度の少数の特殊部隊を派遣する程度では解決出来るはずもない。

世界中を敵に回し、壊滅の危機に追いやられているＩＳは、座して死を待つようなことをするはずもなく、シリア北部の拠点から脱出をはかり、外人部隊を世界中に派遣する挙に出ている。年初に起きたパリでの「シャルリーエブド襲撃事件」以来、あれだけ厳重な警戒網を敷いていたフランスであってもやすやすと突破され、大規模テロの挙行を許してしまった事実は実に重い。

特に空爆参加国は今後標的にされる。

自爆を覚悟した手負いの獅子達のテロは、大都市では最大の恐怖である。世界中がテロとの戦いを余儀なくされる時代に突入した。

今回のパリ同時多発テロ事件の主犯格で、ベルギーに住んでいたフランス人・アバウド容疑者はイスラムに傾倒し、シリアに渡りＩＳで軍事訓練を受けてテロを実行した。つまり、フランス人によるフランス攻撃であるだけにショックが大きい。世界中からシリアのＩＳに若者を集め、洗脳し、軍事訓練を施し、テロリストとして自国に帰国させ、テロを行うというこの仕組みは実に厄介このうえない。今や、ＩＳはテロリストの再生産地と化している。

イスラム教徒を抱える多民族国家では、敵が自国民になりうる。自国民なら、地の利、人脈、資金調達、武器調達も有利であり、テロを実行しやすい。よって、テロリスト生産地のＩＳを壊滅させない限りこの連鎖を断ち切ることができない。

であるから、大規模空爆だけではなく、早期に地上軍による掃討作戦を決行しないと、テロリストが世界中に拡散する余裕を与えることになる。戦争は空爆だけでは勝てないし、絶対に終結しない。

現に、ヨーロッパには４０００人のテロリストが散らばり潜伏しているという情報もある。

オバマが決断できないので、フランス・イギリスも空爆オンリーの軍略に右へならえをしている。

筆者の主張は、シリア問題は一旦棚上げさせて、当面の国際的な課題である、ＩＳ壊滅のために、ロシアを含む連合軍を形成して地上作戦を決行することである。

君の負けだ！

最後に、パリ同時多発テロ事件で犠牲になった遺族のメッセージを紹介しておこう。

パリ同時多発テロ事件をめぐり、被害者家族や事件に遭遇した関係者の悲しみは癒えないが、約90人が死亡したバタクラン劇場で妻を失った男性のメッセージが共感を呼んでいる。

この手紙の主は、アントワーヌ・レリスさんだ。バタクラン劇場で、妻のエレーヌさんをテロリストに射殺された。13日に自宅から劇場へと見送ったが、数日後、エレーヌさんは無言の帰宅となった。「今朝、何日も何日も待った末に、ようやく彼女に会えた。彼女はいつも通り美しかった。金曜日の夜に去った時と同じように。どうしょうもなく恋に落ちてしまった12年前のように」…愛する人の命を奪ったテロリストたちに対しては、「もちろん、私は痛みに打ちのめされている。君に小さな勝ちを譲ろう」とした上で、こう呼びかけた。「私は君に憎しみを贈りはしない。君はそれを望んでいるだろう。君は僕が怯えることを、安全のため自由を犠牲にすることを期待していただろう。それは君の負けだ」と。手紙は、読む人の涙を誘った。

またエレーヌさんが死亡したバタクラン劇場で、事件発生時に公演していた米ロックバンド「イーグルス・オブ・デスメタル」も、18日、公式メッセージを発表。「愛は憎しみに打ち勝つ」とした上で、「テロリズムに脅かされる全ての皆さんと、悲嘆を共有する。ベストを尽し助け合う事で愛が邪悪に勝つことができる」と訴えた。

また、バタクラン劇場で友人を失ったウーゴ・タマスさん（30）は、産経新聞の取材に「怒って被害者が帰ってきたらいいがそうではない。われわれは耐えて、立ち上がっていかなくてはならない」と話した。

最後にもう一つ紹介しょう。

マドンナはコンサートで観衆に向かい、「パリで突如愛する人を失くし悲しみに暮れている人達が大勢いるにもかかわらず、どうして私は今、そんな時に歌って踊っているの」。

イスラム原理主義・ＩＳという過激派組織とは

なぜに広がるイスラム圏

パリ同時多発テロ事件が起こり、多数の人達が犠牲になった。この事件を契機に、フランスなど欧州連合や、ロシア・アメリカといった世界有数の軍事大国が対テロ包囲網の構築に向けて大きく動き始めた。世界は、今、イスラム原理主義の過激派組織に対する恐怖と怒りに耐えつつ終着点のないレールに乗り、これに遅れまいとしている。周辺国はもとより、遠方の国々もかたずをのんで事態を見守っているのだ。そんな２０１５年の師走であった。

ここで、「イスラム原理主義」とは何か、そして「過激派組織」との関係はどうなのか？　ということを考えてみることにする。

日本人の多くは西側に偏った世界史を学んで、「キリスト教が善」、「イスラム教は悪」といった根拠のないイメージしか持ち合わせていない。イスラム教というのは「片手にコーランを、片手には剣を」というように戦う宗教で、熱狂的で過激。スンニー派とかシーア派とか、大きな宗派に分裂していつも争っている。この程度の幼い知識しかない。

イスラム教を学習するに当たって、基礎教養のため、この2派の違いについて述べておく。スンニー派は世襲時にムハンマドの血統による世襲にこだわらなかった主流派で、戒律を厳密に実行する宗派。一方、シーア派はムハンマドの血を引く子孫に特別の資格があると考えた少数派で、戒律より信仰の内面を重視する宗派である。ここが根源的な違いである。その世襲時からの考え方の違いが、１４００年もの間、連綿と続いているのである。

仏教も小乗と大乗に分かれ、キリスト教もカソリックとプロテスタントに分かれたように、開祖が滅したら宗派が分かれるものだ。そう解釈したらよい。

さて、キリスト教が安土桃山時代に宣教師を通じてすでに日本と関わるようになっていたのに対して、イスラム教については全くそうした縁がなかった。

イスラム教の発祥地は、日本からはるか彼方のアラビア半島だ。そこから広がって、日本に最も近いイスラム圏といえば、フィリピンのミンダナオ島とタイ南部の州くらいのものだった。しかし、最近になって、東南アジアのインドネシアやマレーシアにも急速に広がってはいる。イスラム教は教線を拡大しており、近い将来、一番数多くの信者を持つキリスト教を凌駕する勢いだ。

イスラム教が怖い宗教と批判されながらも、現在でも信者の数は増え続けているというこの現実がある。そこには、日本人や、キリスト教を始めとする他の宗教の価値観を持つ者には見出すことのできない、何か魅力的なものがあるからだと思う。

ユダヤ教は３０００年以上、キリスト教は２０００年、そしてイスラム教は１４００年の歴史がある。イスラム教は、8世紀から9世紀にかけて、アラビア半島（日本の約6倍の面積）において当時西洋文明をも凌ぐ、かつて世界にはなかった繁栄発展を遂げていたのだ。

「原理主義」のせいではない

紀元６１０年、マホメットは、メッカ近郊にあるヒラー山中の洞窟に籠り、瞑想に耽っていた。夜になると、マホメットのもとに全能の神アッラーの使者である大天使ジブリールが降りて来た。この時のことを、マホメットは後に「荘重な声が響き渡って、光輝くものが喉をとらえ、神（アッラー）が、これから伝える言葉を復習するように命じられた」と述べている。この瞬間にイスラム教が誕生したのである。いわゆる天からの「啓示」が降りた、聖なる啓示型宗教であったことは間違いない。

しかし、元を正せば、ユダヤ教やキリスト教、イスラム教は、同じ神を信仰する宗教なのだ。イエス・キリストが天なる父と呼んだ神も、預言者マホメット（ムハンマド）がいうアラーの神も、同じ神である。アラーは、正確には「アッラー」である。「アッラー」とは固有名詞ではなく、アラビア半島で信仰されていた「創造主」を意味する「神」である。「エローヒム」、即ち、「エル（光）の神」のことである。一般の人たちには聞きなれない神の名であるが、中東ではエローヒムの神は誰もが知っている全能の神のことである。

マホメットはアッラーの神の教えを、後にコーランにまとめた。その教えの内容は、「アッラーの他に神なし」という唯一神信仰であった。いわゆる一神教である。「汝らアッラー以外の何物も拝んではならぬぞ」（フードの章、メッカ啓示2）と命じていることは確かだ。だからと言って、他宗を排撃することはなく、むしろ、ユダヤ教やキリスト教を、先輩の宗教として尊敬すらしていた。

しかし、アラビア半島での繁栄発展が貧富の格差を生むようになり、そこで平等と弱者を救う義務を説くようになった。

「コーラン」では、神の言葉を「真理（しんり）」または「真実（まこと）」と呼んでいる。この意味は、イスラムの教え以外に真実（しんじつ）は無いと言う意味だ。

このように他の宗教の教えを全て否定するという意味では、キリスト教も一神教である以上同じだ。キリスト教の教えの中心は「愛」で、その「愛」は、日本神道のような

「和」を伴わない愛になっている。そこに、他宗を排除する原理主義的な要素がすでに含まれているように見える。ギリシャのオリンポスの神々や日本神道のような多神教の宗教と異なり、一神教の宗教は他宗排撃がセットになり、後に大きな争いに発展していっている。

しかし、一般には「原理主義」というとイスラムの代名詞のようになってしまっているが、実は原理主義という言葉はもともと一部のキリスト教徒に対して使われていた用語だ。しかも、かなり否定的、かつ批判的な意味合いが込められていたのである。

それは１９２０年代で、近代的な進化論を否定するキリスト教徒の原理主義者の人々が、学校で進化論を教えるべきでないと主張した人たちを指して、原理主義者と呼んでいたのが始まりである。だから、何もイスラム教のことだけを指して言っているわけではない。キリスト教にもユダヤ教にも原理主義者はいる。

ただし、日本神道にはそういう言葉はない。日本神道には「和を以て尊し」となす寛容の精神があり、調和を重んじる教えが中心だからである。それゆえに、日本神道には原理主義者が存在しない。

「イスラム原理主義」とは、本来のイスラム教の教えに基づいて生活していこうとする考え方である。本来のイスラム教の教えには、厳しい戒律が厳然としてあるのは周知の通り。

例えば、「豚肉や酒は駄目」、また「偶像崇拝は駄目」「女性は顔を出しては駄目」といった、昔から決められている規則、規律を忠実に守って行こうとする考え方である。

それが「時代に合わないから」とか「まぁ、ちょっとぐらいは良いではないか」「そんな細かいことを言うなよ」とかを決して許さず、「それも駄目」「これも駄目」「駄目なものは駄目」。そんな昔帰り、初期のしきたりを厳格に守り通して行こうとする考え方をイスラム原理主義と言うのである。

もちろん、「釈迦仏教にも戒律」があった。仏教の戒律はイスラムとは少し異なり、「戒」と「律」の間に違いがある。「戒」は在家の規則で、自主的に守るものである。自分はこれだけは守らないと修行が出来ない。だから、自主的に守るというのが「戒」だ。

一方、「律」とは、出家者に対する罰則規定だ。あくまで教団内部での「律」で結構厳しいものがあったようだが、しかし、イスラム教のような武力や暴力をもって排除するのとは大きな違いがあり、そういう意味では、仏教は全体的にも穏健な宗教である。

肝心なことは「原理主義即過激派」ではないということだ。

例えば、日本でも、「古き良き時代の日本の伝統的な考え」を守るために、親が子に行儀や言葉遣いといった礼節を教えたり、学校等で良き習慣や歴史なども教えたりする。また、学校の音楽の時間には日本の伝統的な「唱歌」歌わせたりもする。節分には豆まきをしたり、お雛様を家に飾ったりする。正月には、宗派関係なくお寺や神社にお参りもする。そうした古いしきたりを守ることが、即、悪にはならないはずだ。

しかし、そうした行為をしない者に対しては罰するということになると別問題だ。言うことを聞かなければ、武力で強制させ守らせようではないかでは、少し話が違って来るはずだ。そういう集団が「イスラム過激派組織（武装集団、テロ組織）ということなのだ。

要するに、イスラム原理主義の考えで、それを武力で実行する人たちのことを「過激派のテロ組織」と言うのである。

これらの考え方には悪魔は存在しているかも知れないが、もはや、神は存在していない。それゆえ宗教とは認めがたいものがある。たとえ善良なイスラム教徒から見ても、同じイスラム教徒としては認めがたいことだろう。むしろ一緒にされることは迷惑この上ないと思っていることだろう。

オウムの麻原は「チベット仏教」を名乗ったが、他の穏健な伝統的仏教徒は彼等を仏教徒とは決して認めていないし、あんな仏教からドロップアウトした洗脳テロ集団と一緒にされたくないと思ったはずだが、それと同じことである。

よって、イスラム原理主義とイスラム原理主義のなかの過激派組織イスラム国（ＩＳ）

とは別ものだというのが正しい。

「西側史観」を根本から疑え

では、いつ頃から原理主義者が増えていったのかというと、それは1970年代だ。日本でもこの頃、大阪万博をはじめ経済が発展繁栄し、欧米の文化も大量に入り都市化が進んだ頃のことである。

それと同じ頃に、イランやサウジアラビア、そしてエジプトといった周辺国で、女性が顔を隠さずに街を歩いたり、酒を持ち込んだ観光客が飲みながら歩いたり、一日五回の礼拝を怠る者が出てきたり、そうした堕落を見ていたイスラム教徒（ムスリム）は「何と、ふざけやがって、こんな奴らはイスラム教の規律を学び直させろ。もうこれ以上堕落した社会を放置できない」そんな運動が起こったのだ。これがイスラム原理主義の原点である。

もっと簡単に言うと、日本でも、年配者から見たら「何だ、今の若い者の服装は、女性のあの短いスカートは、露出度が高すぎるから止めさせろ」とか、また「中学生が化粧して髪まで染めとる」とかいうことになってこよう。「もう堕落しとる。もう一度、清く美しく慎ましく生きる事を教えねば」とか言って、仮に運動を起こすとすれば、それが「日本教的原理主義者」と呼ばれるようになるのだろう。

では、その運動を起こした人が悪いのかと言ったら、そうではないだろう。そりゃ、若い人から見たら「時代遅れのオジさんたちだ」といって、さぞ煙たがられる事だろうが。それを無理やり武力、暴力で分らせようとすることが間違いであって、その融通が利かない集団、盲信狂信じ集団のことを「過激派」「テロリスト」と呼んでいるのだ。

しかし、この過激派集団も、元々あったのかと言えばそうではない。それは少し歴史を振り返ってみないと見えてこないことだろう。

ちょうど500年前、16世紀のイスラム世界は3つの大きな勢力に分かれていた。

1つはトルコ・オスマン朝、もう1つがマムルーク朝で、どちらもスンニー派だ。

他方、シーア派のエジプトがシリアのアレッポ北部で覇権争いに加わったことがもとで戦になり、オスマン軍がエジプト・カイロまで追ってエジプトに勝利した。

その後、第一次大戦までは、オスマン・トルコ帝国が北アフリカのアラブ・イスラム圏全域を支配下に置いたのである。

しかし、この第一次大戦によってオスマン帝国は崩壊し、イギリスやフランスの白人によって弾圧され、イラクやシリアの領土を分散され、奪われた。それを取り戻したくて、さまざまな形で抵抗（独立戦争）しているのがイスラム教徒による過激派組織なのだ。

彼等は現在の中東諸国に存在しテロを実行している。それが冒頭にも書いた「ビン・ラディン」や「アルカイダ」、「タリバン」や自称「イスラム国」（最近では「ＩＳ」）または「ポコ・ハラム」なのだ。

これらすべては活動している拠点や場所が異なるだけで、みんな過激派集団であり、組織名や人物らが違うだけだ。

こういった集団が、いつの間にか多く出来てきたが、どちらに正義があるのかは、長い歴史から見れば非常に分かりにくいものがある。ただ一方的に悪と見るのも問題がある。

西側に属し、西側寄りの偏った報道を見聞きしていると、全ての中東問題はイスラム教徒達の過激性に問題があるかのごとき偏見を抱きがちだが、決してそうではない。そもそも、アジア、アフリカ同様、帝国主義の白人の国が国を分断することにより、今の火種を作ったのである。さらに、キリスト教徒の白人達はおせっかいにも軍事介入し「民主主義を教えてやらねばならない」と上から目線でイラク戦争のような侵略戦争を仕掛けてくるので、それに対してレジスタンスの抵抗運動をしているというのが中立的な見方であると思う。「西洋＝善」「イスラム社会＝悪」ということは決してない。

白人はいつも「正義」の玉座に座り、「正義」をかざすが、実際は違うことがほとんどである。彼等は世界中でそれを行ってきた。我が国日本に対しても、東京裁判で米軍の無差別民間人殺戮・ホロコーストであった原爆使用の正当性を保つために、「30万人虐殺」という「南京事件」という虚構をでっち上げ、平気で嘘を何十年でもつき続けている。近年では、「従軍慰安婦」などはなかったことを知っていつつ、同盟国であっても平気で知らん顔をする。事実でなくとも、日本軍の悪行があったほうが白人にとって都合がいいからだ。

日本人は「和」の思想が強いので、過激派組織を結成し暴力を行使して、その巨悪ととことん戦うことをしないだけで、中東では武器を所持し失地回復運動を起こすという、ある意味正当なことをしているに過ぎないのである。白人社会にとって都合のいい西側から見た偏った見方からくる報道に毒されないことだ。

世界共通の敵・過激派組織 イスラム国は間接的に死せるフセインがつくった

死せるフセイン、生けるオバマを

今回フランスのパリで起こった同時多発的テロを契機に、世界各国の共通の敵であるイスラム過激派組織に対して空爆やミサイル攻撃を開始している。

イギリスのキャメロン首相は議会での声明で、「パリでの殺人はわれわれにイスラム国（ＩＳ）が遠いところの問題でなく、英国の安全保障への直接的脅威であることを明確に思い起こさせた」と指摘し、シリアでのＩＳ空爆に参加する考えを表明した。

確かにＩＳにいたっては、もうイスラムの名を語るに値しないテロ集団と化してしまっているので、国際社会が大連合を組んで「テロとの戦い」を標榜して掃討作戦を敢行することに正当性はあると思う。が、しかし、なぜこの過激派組織が存在し勢力を伸ばしているのかを歴史的沿革をたどって知っておく必要があると思う。

シリアのアサド大統領が毒ガスを使用して反政府軍や難民を１００万人単位で殺戮した

にもかかわらず、オバマが軍事介入を見送ったことが今のようにＩＳを肥大化させる結果を招いたのだと先述した。当時、シリア内戦は激化していたが、化学兵器を使用したら米国は軍事介入すると告げていた。その踏み絵を踏んだアサド政権打倒のための軍事介入の正当性は国際社会が認めるところだった。にもかかわらず、あろうことか、大統領就任以来終始弱腰のオバマは軍事介入をしなかったのである。オバマの弱腰がＩＳを肥大化させたという見解を、私はいささかも撤回する気がない。

ただし、肥大化させたのはオバマだが、ＩＳがなぜ、かくも強力な軍事集団として自然発生したかを述べてはいないので、ここで解明しよう。

国際紛争に詳しい日高義樹氏によると、それはイラン・イラク戦争にさかのぼる。８年間も続いたイランとの戦いに負けなかったイラクのアラブ・スンニー派の軍事エリート集団バース党の生き残りが、現在、ＩＳを統制し戦略を立てているという。従って、世界中から寄せ集めた単なる外人部隊ではなく、戦争のプロが指揮しているのだ。

次に、そのスンニー派、バース党の残党の連中がなぜシリアにいるのかを述べる。

２００３年、ブッシュは大量殺戮兵器を製造したという理由でイラクを攻撃してバクダッドを制圧した。その時、サダム・フセインは米軍を相手に到底勝ち目がないと悟って、虎の子のバース党を地下に潜らせ、幹部をシリアに避難させたのだ。まともに戦わなかったからこそ、アッという間に首都バクダッドは占領されたというわけだ。米国はフセイン政権を崩壊させた後、イラク国内の多数派を占めるシーア派による政府を樹立させたのだが、今、かつてのアラブ・スンニー派の軍事エリート集団「バース党」の残党に率いられるイスラム国の攻撃を受けているのである。

日高氏は、このことについてこう述べている。

「シリアに逃げ込んだサダム・フセイン派バース党の幹部はイスラム国の軍隊を指揮してシリアからイラクに攻め込み、イラク国内のバース党の地下組織を利用して米軍の指揮の下にあるイラク政府軍を翻弄している。三国志の『死せる孔明、生きる仲達を走らす』の故事さながら、死せるサダム・フセインが生けるバラク・オバマを走らせているのである」と。

いかがであろうか。イスラム国（ＩＳ）は、言うなれば、死せるサダム・フセインの呪いであるのだ。大量破壊兵器など製造していないのに、石油利権獲得のために因縁をつけてフセイン政権を打倒し米国寄りの傀儡政権を樹立させたのはブッシュだが、時は経過してオバマの時代にサダム・フセイン派バース党の軍事プロ集団である幹部が復活し、米国に挑んでいるのである。

いや、米国オバマだけを苦しめようとしているだけではない。フランスも、イギリスも、多国籍軍としてイラク戦争に参戦しているので、サダム・フセイン派バース党にとっては、そちらも復讐すべき「敵」であるはずだ。それゆえに、フランスが標的にされ、パリ同時多発テロ事件は起こったのかもしれない。

大空を飛行している「鷲」は確かに無敵である。しかし、砂漠に舞い降りた「鷲」はもがき苦しんでいる。戦いは圧倒的勝利に終わったはずなのに、その後の「鷲」は国内の治安の乱れによりゲリラに苦しめられ、数千人の米軍兵の命を落とし、撤退に追い込まれた。のみならず、その戦火は決して止むことがない。フセインのサソリの毒がジワジワと米軍を弱らせていく。空中、つまり、空爆では圧倒的に強者だが、砂漠の地に舞い降りた「鷲」は決して強者ではなくなる。

中東問題は複雑怪奇だ。一筋縄にはいかない。そこに、米英がシオニズムを提唱し人工的につくったアラブ社会では、民族も、宗教も全く異なる軍事大国「イスラエル」が高みの見物を決め込んでいる。今は静観しているものの、このイスラエルが動く時、それは…。

宗教戦争なき日本の出番

しかし、顧みれば、イスラム教が出来て１４００年経ち、その教えがそのまま現代に通じるはずがない。キリスト教でも、時代にそぐわないことから、マルチン・ルターという人が西暦１５００年前後に宗教改革を始め、「プロテスタント」という「新教」をつくり、結局、キリスト教を二分することになったが、その結果、キリスト教国が大きく変わり、発展繁栄の基礎となったのだ。

現在の時代に適用できない教えは、やはり改革をしてゆかねばならない。そういうところにも、現在のイスラム原理主義的過激派組織など問題はあると思う。

まあ、70年前に占領国から強引に押し付けられた日本の憲法もそれに似ている。憲法改正論に反対する左翼的な人達も、また見方を変えれば原理主義者と言えるだろう。名付けて「東京裁判絶対史観原理主義」といったところか。しかし、その原理主義者が、司法・行政・立法・マスコミという４権力を支配し、日本を統治している。

中東諸国という日本からとても遠い国の出来事ではあるが、しかし、その地域からは日本のエネルギー（原油）の80数％を輸入している。また仕事のため中東に出ている人達、旅行に行っている日本人も多くいる。それら全てが、今後は危険にさらされる可能性すらある。

中東だけではない。現在もパキスタンはイスラム原理主義過激派の温床となって、テロに悩まされている。女性教育を自由化する活動家のパキスタンの少女マララを描いた「私はマララ」を繙《ひもと》くと、その事情がよく理解できる。パキスタン政権がアルカイダやタリバンの残党らを一掃しようとする一方で、軍と共に先頭に立ってイスラム化に努めている。いくつかの宗派に分裂した後、同じイスラム教であっても、宗派の間でお互いを不倶戴天《ふぐたいてん》の敵として、血で血を洗う抗争がこれまで続いている。この国では、イスラム過激派による自爆テロが今も絶えない。

2005年の夏、イギリスのスコットランドで世界主要8ヶ国（G8）サミットが開催された時に、ロンドンの地下鉄と名物の2階建てバスが、パキスタン青年たちによるダイナマイトを用いた同時多発自爆テロに襲われ、多数の死傷者を出す事件が起こった。

犯人は全員がイギリスに在住し、イギリス国籍を持っていた。イギリスでは、帝国主義時代に悪事を働いたという自虐史観が蔓延して自らの歴史を戒める風潮がテロリストを育てる環境をつくっていたのである。

どこかの国とよく似ている。

どこかといえば、当然、日本のことである。戦後敗戦の後遺症と侵略戦争をしたという宣伝に翻弄され、自虐史観に陥っている日本人。未だ目が覚めずに、何の備えもなく、日本人の多くは「対岸の火事」といった意識で、能天気に生きている。

しかし、ことは深刻だ。いつ何時、日本人も襲われるかも知れない。いやすでにＩＳにより、２人の日本人は捕えられ殺害されている。今後、日本国内でもテロが起こる可能性もある。そういう報道もなされているはずだ。

その理由は、最近では元々のイスラム教徒の人達ではなく、従来キリスト教徒であったような欧米の白人までが改宗しイスラム教徒となり、過激派組織に加わり、渡航し、そこで軍事訓練を受け、過激思想の教育を受け、母国に帰国してその母国でテロ事件を実行するという、今までにないサイクルができつつあるからだ。

あるいは、渡航しなくとも、インターネットやメールでイスラム過激派の動画を見ては、イスラム過激派とメールでやり取りし、自分も洗脳されて本国でテロを実行する。そんな動きも出てきている。それが、「ホームグラウンド・テロリスト」と呼ばれている。

今は世界各国、世界中のどこにでもインターネットは広がっている。どこの何人であろうと可能性はある。これには世界中の人達が頭を悩ませている。能天気なのは日本人だけかも知れない。

今、シリアを中心に、正義はどちらにあるのか。戦国時代を思わせるような大混乱がパリ同時多発テロ事件を引き金に、シリア、イスラム国、ロシア、アメリカ、イラン、フランス、トルコ、サウジアラビア、ベルギー、イギリスまでが加わった、イスラム国圏対キリスト国圏の世界戦争にやがて発展することがないよう祈りたい。そこに、すきあらばと、中国が世界帝国の座を狙って、南シナ海をはじめ中東アフリカに至るまで手中にしようとする危険性もなきにしもあらずといった状況にある。

私たち日本人は幸いなことに、このような宗教抗争と無縁であったため、宗教抗争や浄化のような事態は理解に苦しむだろう。しかし、オウムのような教団が猛毒ガスのサリンを撒いた事件後は、日本人の中にも宗教は怖いものを考える人が多くなってきたのも事実である。

しかし、日本人は他宗だからといって排斥したり、ましてや、暴力を用いて迫害したりすることは過去にも現在にもなく、それなりの敬意を払ってきた。であるならば、われわれ日本国が真なる正義とは何かを打ち立て、それを示し秩序ある世界を取り戻せねばならない。

それでは、私たち日本人はどうすればよいのだろうか。問題解決の「即効薬」はないが、まずは、こういったことが「世界でいま起きているんだ」という事実を知り、正義とは何かという真理に近づくことが、第一歩であると思う。

2015年を総決算する

2015年という年もさまざまなことが起こった激動の年であったが、時代の重要な節目をなすとも思われるこの年を改めて振り返ってみる。筆者の印象に残っている2015年のトップニュースを絞り込むと、左の5つである。

❶イスラム過激派組織の暗躍
❷中国の暴走と没落、そして米国の対中政策の変換
❸クリミア併合容認とプーチンの復権
❹アベノミクスの失敗が鮮明化
❺石油による中東支配が終わろうとしている

以下、順番に解説を加えていくこととする。

①イスラム過激派組織の暗躍

1月7日、イスラム過激派による、パリの新聞社「シャルリー・エブド襲撃事件」から2015年は幕開けした。その年が閉じようとしている頃振り返ってみると、この事件がその年の行く末を案じたと言ってよいかもしれない。

この年は、ISが世界中を震え上がらす存在として浮上した年だった。ことの発端は、2011年の「アラブの春」という社会現象にまで遡る。2011年は、中東や北アフリカで次々と革命が勃発した年だった。チュニジア／ベンアリ大統領、エジプト／ムバラク大統領、リビア／カダフィ最高指導者と、次々に独裁政権とその権力者は民衆により倒された。そして、独裁者を引きずりおろす民衆革命の波は、今、中東の混乱の主役の座にいる「シリア」にも届き、独裁者アサド政権に対する大規模デモから、ついには内線に発展していった。アサド大統領は、政権維持のため蜂起した自国民である反体制派に対して容赦なく武力攻撃を加えて、100万人以上にも及ぶ国民を殺害した。そして、果ては「化学兵器サリン」も使用するという暴挙に出たのであった。

オバマは「化学兵器使用というレッドラインを超えたら攻撃をする」とアサド大統領に対して忠告していたが、実際に使用されたらトーンダウンしてしまい、「議会の承認を得てから」と逃げ腰に転じたのだった。同じくイギリスのキャメロンも、弱腰の米国を見て右へ倣えとばかりに、議会の承認を軍事介入の条件としたが、承認を得ることはできず武力介入をしなかった。ここで確認しておくべきことは、「できなかった」のではない。「しなかった」ということである。この時点で、アサド独裁政権の暴走を止める勢力が世界中に存在しない状態に陥った。

その結果が、ＩＳの肥大化を生み、今、世界中がテロの恐怖に怯える事態を生み出したと断言してよいことだろう。

超大国の覇権国である米国が財政難を理由に「世界の警察」を放棄したことをきっかけに、世界中が混乱に陥ってしまったわけだ。

パワーオブバランスの観点から、国際警察の存在しない世の中は治安を維持することができない。当然、世界中で犯罪は多発することになる。略奪、殺人、強盗、侵略、領海侵犯、何でもござれの世の中だ。

それは決して、「シリア」だけに限ったことではない。中国は米国の豹変とオバマの腰抜けぶりを見てほくそ笑み、南シナ海のスプラトリー諸島の岩礁埋め立てに着手して、他国の領土を平気で略奪するようになった。習近平が埋め立てを始めたのが２０１２年。国際社会に対して「米国は世界の警察ではない」「シリアに軍事介入しない」と発表し、まるでチキンの様相を呈し始めた時期と符合する。以前の米国なら、南シナ海に第七艦隊の空母を派遣したことだろう。

シリアや中国だけではない。もう一人の主役も動き出した。オバマの性格を読み取り、プーチンはクリミア併合に軍を進めた。オバマが決して軍事介入しないことを見越してのことだ。今、国際社会で軍事的脅威、テロの脅威が増しているのは、米国のオバマのとる政策に根本原因があるというわけだ。

そして、今年の数ある事件の中で頂点に位置するものは、2015年11月13日のパリ同時多発テロ事件だろう。2001年9月11日に起きた「セプテンバー・イレブン」と呼ばれている「アメリカ同時多発テロ事件」同様、この日を境に世界は変わったと言ってよい。世界は再び、本格的にテロとの戦いの時代に入った。そこに広がっているのは混沌だ。

ヨーロッパ諸国は、ドルと円に対抗するために、1999年に「ユーロ」というEU共通の人口通貨を生み出し、国境の壁をなくし自由化を果たした。だが、その理想はあえなく挫折しそうである。EU諸国は国境をなくし、人と金の往来を自由化したが、ここに来て国境の警備を余儀なくされる事態に陥ってしまった。また、シリアから逃げ出してくる難民に対してヨーロッパは悲鳴を上げ、国境封鎖をする国も現れる事態になっている。

EU危機は、それだけではない。2009年以来のギリシャの財政危機問題により通貨共同体の弱点を露呈して、ＥＵの未来に暗い影を落とした。いやギリシャだけではない、「ＰＩＧＳ（ブタ：ポルトガル、アイルランド、ギリシャ、イタリア）」に象徴される、財政状況の悪い国家群はＥＵの経済運営の上で大きな懸念材料になっている。弱者連合のＥＵの未来は消して明るくない。

そもそも「テロとの戦い」の淵源は、第一次世界大戦後にフランス、イギリスが中東、アフリカに介入して、ケーキでも切るかのように国土を切り刻んだことへの怨恨にまで遡る。従って、決して簡単に終わることはない。いや、十字軍まで遡らないといけないかもしれない。今は、米国、ロシア、フランス、イギリスなどの有志連合がＩＳ掃討のため空爆をしているが、地上部隊をつぎ込むことなく、空爆で壊滅させることなど絶対に出来ない。拠点を移動させるか、世界中に散らばればすむことだ。アフガニスタン、イラク戦争で、地上部隊を投入して手痛い目に合わされているので、有志連合の誰もが地上部隊の投入を言いだささない。おそらく出来ないだろう。

２０１１年、パキスタン北部のアポタバードでビンラディンを殺害しても、アルカイダは壊滅することなく未だに暗躍し、イスラム過激派テロ組織として存在している。それにも増して、もっと大規模な組織で豊富な資金源のあるＩＳに国際社会はてこずることになるだろう。

中東情勢を鳥瞰して見ると、ＩＳの中核は何を隠そう、あの中東のサソリ「フセイン」を支えたバース党幹部が中心となった組織なのである。これはいったい何を意味しているのかというと、まるでオウム事件の麻原のようにみじめに捕らえられ、裁判にかけられ死刑になった中東のサソリのフセインの亡霊が現代社会に蘇り、国際社会、特にキリスト教白人社会に対して復讐しているように見える。死せるフセインがジワジワと相手を追いつめている構図を世界は見ている。

そもそも、イラク戦争なるものは、２００３年に当時の大統領であったブッシュが「イラクは大量破壊兵器を所有している」と難癖をつけて始めた戦争であるが、後に大量破壊兵器など存在しなかったことが判明した。イラク攻撃の本音は、フセインが石油の決済をドルからユーロに変更して世界の基軸通貨のドルを揺さぶるという挙に出たことに対する、米国のドル防衛と石油利権による攻撃であったことが今では常識となっている。

戦勝後、米国はかつてのＧＨＱのようにイラクに進駐し、スンニー派のフセイン・バース党が政権与党になっていたものを、シーア派に政権移譲させ統治しようと試みたが、シーア派、スンニー派の内戦を誘発してしまった。全く違う文化を有する中東に押し付けの民主主義など根付くはずもなく、中途半端な介入をしたばかりに、イラクという国を結果的には滅茶苦茶に破壊して去っていっただけであった。

まさに〝デストロイヤー〟である。

日本では常に米英情報に寄り添った報道がなされているので、「フセイン＝悪」「米国＝善」、「西側社会＝善」「中東社会＝悪」という、とんでもないイメージを刷り込まれているが、はっきり言って間違いである。どちらが「侵略者」で、どちらが「被害者」かは明らかだ。

米国がパンドラの箱を開けてしまい、フセインの放ったサソリの毒が世界中に蔓延している２０１５年をわれわれは見てきたのである。

そこでぶつかっているのは、キリスト教ＶＳイスラム教という、宗教の違いによる争いでもあるが、実は「正義」がぶつかっているのである。世界では、正義の根拠をどこに求めるかと言うと、「神」に求めるのが常識だ。正義とは本来神に求めるべきであるが、イスラム国（ＩＳ）の過激派の正義とは、アラーの神ならこう考えるだろう、という推測的な正義である。これは人間知による正義である。一方、キリスト教国は、民主主義的な法律による価値観、もしくは国際的秩序を守る事を正義としている。いずれもこの世的な人間の考える正義であって、アラーやイエスの正義ではない。

だから容易には終わらないと言っているのである。文明落差により、西側優位とは決して言えない。イスラムを侮ってはいけない。砂漠の地での戦いに、白人達は手こずることになることだろう。

１９７８年、ロシアもアフガニスタンに進軍したが勝つことはできなかった。同様に「2年で終わらす」とオバマが豪語して始めたアフガニスタン戦争も、撤退を余儀なくされる事態になっている。世界一の軍事力を誇る米国が、ろくな兵器を有していないアフガンに勝てなかった。ケネディが始めたベトナム戦争でも、米国は勝てなかった。ゲリラは想像以上に強い。

戦争好きで暴れん坊の米国は確かに強いが、残念なことに頭が弱い。また、未来が見えないという欠点を持っている。だからいつも、米国の戦略は肝心なところで間違っている。米国は戦略国家であるが、戦略が的を射ていない。前回の共産主義国との冷戦の時も、今回も、「パンドラの箱」を開けてしまったのは米国であることを、重ね重ね言っておきたい。

②中国の暴走と没落、そして米国の対中政策の変換

さらに、２０１５年中のかの国に関連する重大ニュースを細かく見ると、……こんなと

ころか。

①南シナ海での七つの岩礁埋め立てを象徴とする乱暴狼藉
②4月、ＡＩＩＢを57ヶ国集めての参加表明
③7月、上海株大暴落が象徴する経済の没落が決定的になった
④9月、「中華民国」という、よその国の戦勝70周年記念式典を挙行
⑤10月、米中首脳会談直後に、米艦イージス艦が南シナ海の中国が埋め立てた岩礁の12カイリ内への進入
⑥12月、人民「元」がＳＤＲ構成通貨（国際通貨）に採用

南シナ海を埋め立て始めたのは、決して今年ではない。２０１２年より中国は始めている。しかし、オバマは知らん顔を決め込んでいた。ところが、突如方針変換して、南シナ海の領土問題を国際社会で問題視するようになった。

「なぜか?」

ロシア経済ジャーナルの北野幸伯氏によると、「ＡＩＩＢ事件」で米国の方針は決定的に変わったとされる。筆者は原因の全てがこの事件によるとは思っていないものの、確かに米国の方針転換と4月の「ＡＩＩＢ事件」は時期が符合するかもしれない。

「ＡＩＩＢ事件」とは、米国の制止を無視して、中国の主導するＡＩＩＢに、イギリス、フランス、ドイツ、イタリア、オーストラリア、イスラエル、韓国など米国寄りの国が次々と参加表明してしまった事件のことを指す。とうとう世界で57ヶ国もの参加表明があったので、この企画で中国は成功したと言ってよい。不参加を決め込んだのはアジアの同盟国の日本だけだったわけで、これには米国はとてつもない危機感を抱いた。西側諸国の価値観を共有する米国の手下達は、落ち目の米国頼みだけでは不安で、中国とも付き合っておかないと「損」と、保険をかけたのだから、米国の威信は地に落ちた。

そこから、米国は方針転換。反撃に出る。5月には中国バッシングを開始した。

今まで知らん顔していた、南シナ海の埋め立て問題を突如やり玉に挙げるようになった。その後、10月には中国が勝手に埋め立てた岩礁の12カイリ内に米イージス艦を派遣して、「航行の自由作戦」を決行する強気な態度に出るようになった。

しかも、9月末の国連総会で習近平とオバマが会談した直後の出来事だっただけに、米中の関係は変化したことを国際社会は察知した。両者は明らかに、今までの間柄ではなくなっていた。

反面、米国を裏切ることなく、ＡＩＩＢに参加せず恭順の意を表した日本の株は米国ではうなぎ上りであった。トドメは、4月に上下両院議員を集めての、日本の首相として初めての米国会での「希望の同盟」演説の成功だ。以前は歴史修正主義者となじっていた安倍首相に対して、上下院議員はスタンディングオーベイションで喝采した。そして、日本に帰り、日米首脳会談でオバマと約束した通り「安保関連法案」を国会で通して、集団的自衛権の行使ができる体制を築き、日米同盟をかつて以上に強固にしたのである。日米両国の信頼関係は確実に増した。「離れる中国」、「近づく日本」というわけだ。

中国にとって、これ以上面白くないことはない。あの手この手のロビー活動を通して日米同盟分断に金と時間をつぎ込んで来たものの、中国に冷たくなり、日本と一層仲良しになったのだから、その工作は失敗したわけである。

一方、習近平が世界中を外遊した年であった。ボーイング３００機の購入の約束を手土産に米国に渡った。バッキンガム宮殿では、原発建設など約５兆円の支援を約束しながら赤ワインを飲んだ。金のないキャメロンも簡単にノックダウン。いいように手玉に取られた。ドイツのメルケルも貿易額１位の中国・習近平の口車に見事にのせられ、親中反日に転じている。

このように、金満・習近平は札束外交を世界中で繰り広げているのだが、フランスも、ドイツも、イギリスも、アメリカも、騙されることになるのは間違いない。中国から遠く離れた彼等は中国という国の本質を理解していない。もっとも、隣国である日本にも、そのような政治家、経済人、言論人、マスコミがウヨウヨいるので、いたしかたないことだが、彼等は「中国は約束など守らない国家だ」ということを知らない。欧米は「中国」という国柄を勘違いしている。

実は外貨がどんどん減っている中国にも、そんな多額の支援や投資をする金などない。8月に断続的に人民元の為替レートを引き下げたことにより、人民元からドルへと資金が両替された。中国人民銀行は外貨準備を取り崩し、人民元を買い支えたことにより、外貨準備高は大きく減少しているのだ。一時は米国の国債を世界一所有していたが、今は日本が第1位の座に返り咲いている。

しかし、政治工作が成功してIMFから「元」が、「ドル」「円」「ユーロ」「ポンド」に次いで5番目のSDR構成通貨（国際通貨）に採用された。SDR構成通貨に「人民元」が昇格したのだから、習近平は「元」を単に擦りまくればいくらでも世界中に配れると考えているようだが、そうはいかない。

ここで、中国にとっての大事件として、上海株の大暴落を外すわけにはいかない。

暴落の原因は、中国経済の減速にある。輸入は9月まで11カ月連続し対前年比減少が続いている。地方は「鬼城」と呼ばれる空き家マンションが乱立し、不動産バブルの崩壊は周知の事実となっている。生産した鋼材は余り、自動車は売れず在庫の山、当然工場生産はストップもしくは減産を続ける状態。ホンダも工場建設を見合わせている。モノが売れない日の丸企業は、今年になって、中国撤退流行りである。日本企業は中国の本質にやっと気づき、中国投資を中止した。

さらに、２０１２年以降は貨物輸送量がマイナスになってしまったままである。７％もの経済成長を続けている国の輸入量が減り、輸送貨物量が減り、電力消費量が減るということは異常だ。ＧＤＰの40％以上を純輸出が占めている国家で、中間財の輸入量が減少して、いったいどうやって経済成長することができるのか。中国という国は、中間財を輸入し、それを組み立て加工し輸出して稼いでいる国なのだから。

また、世界的需要減少に伴い、輸出も低迷したままである。中国経済の先行きは怪しいと、市場は判断して株を売りさばいた。それが上海株暴落である。

ＧＤＰ７％成長と大本営が発表する、嘘の経済成長率の化けの皮が剥がれる時が刻々と近づいている。

③クリミア併合容認とプーチンの復権

今年の主役はこの鉄の男であろう。その男の名は、怪僧ラス「プーチン」だ。今、世界で無法者・習近平の向こうを張れるのはこの人しかいない。この男の政治力は桁外れである。鉄の男は、単なる剛腕で強面というだけの政治家ではない。実は経済にめっぽう強い男なのである。

1999年に発足した第一次プーチン政権は10年間続いたが、ソ連解体後、国家が疲弊し次々と分割されたあのロシア経済を立て直し、毎年7%もの経済成長を維持させた経済大統領としての手腕がある。

どこの国の国民も生活を豊かにしてくれる指導者を支持する。あの、女性が大好きで、手の早い、クリントン元大統領に未だに根強い人気があるのは、シリコンバレーでITバブルをつくり、国を豊かにしたからに他ならない。メルケルも長期政権を維持できているのは、ドイツ経済が好調だからだ。プーチンの支持率はクリミア併合後も上がり、今も90%を超えている。このような指導者はいない。その鉄の男が復権した年であった。

ロシアはクリミアを併合したことにより、西側諸国から経済制裁を受け四面楚歌の状態が続いていた。シェールガス革命により、天然ガスや原油の価格が暴落し、資源頼みのロシア経済は疲弊してしまい、長谷川慶太郎にして「ロシアは終わった」と言わしめるほど没落曲線を描いていた。ところが、今年、風向きが変わった。

まず、2月にウクライナで「停戦合意」が実現した。署名したのはロシア・プーチン、ウクライナ・ポロシェンコ、ドイツ・メルケル、フランス・オランドだ。米国は決して停戦合意を歓迎していなかったが、結果的には欧米はロシアのウクライナ併合を黙認。もう誰もクリミア併合に異を唱える者はいなくなった。クリミアは事実上ロシアの領土となった。プーチン以外で、こんなことを認めさせる政治力のある政治家がいるだろうか。

第二次世界大戦で日本は、ドイツ、イタリアが降伏してしまったので、一国だけで最後には米国・中国・ロシア・イギリス・フランス・オランダ・オーストラリアと世界中を敵にして戦う羽目に陥ってしまったが、プーチンもクリミア併合により、シリアや中国や北朝鮮などを除いてほとんど世界中を敵に回すことになってしまっていた。が、しかし、土俵際でうっちゃり、いつしか形勢逆転して新しい展開にもっていくことに成功した。

そこへ、絶妙のタイミングで11月にパリ同時多発テロ事件が起きた。いち早くＩＳ掃討を大義名分に空爆を始めていた鉄の男プーチンに、世界は頼ることになった。ロシアの軍事介入の本音は、テロ撲滅などではなく、アサド政権維持のための援軍であり、ＩＳへの空爆だけではなく、欧米が支援する反政府軍へも爆撃していたのだが。パリ同時多発テロ事件により一夜にして風向きは変わり、オランドがのこのこモスクワにまで出かけて、協力要請のために頭を下げるという事態になった。「任しときな！オランドよ」とプーチンが言ったかどうか知らないが、この会談で上下関係ははっきりしたことには違いがない。

プーチンは今、なぜか、西側諸国と共闘して対ＩＳのために仲良く戦っている。こういうのを大政治家というのだろう。もっとも、パリ同時多発テロ事件が起きる以前よりＩＳ撲滅に対する掃討作戦の共闘を欧米に熱心に提案していたので、先見の明があったわけだが。まぁ、抜け目がない。国際社会では、昨日の敵が今日の友にひっくり返るのは不思議でも何でもない。プーチンの手のひらで欧米の大統領、首相は踊らされている。無論、日本の安倍首相も鉄の男が柔道着を着て、時々、可愛がってもらっているようだが。今年も日ロ首脳会談は実現にいたらず、逆に、バットマン（プーチン）の相棒のロビンと呼ばれている、メドヴェージェフ元大統領が8月に北方四島の択捉島を訪問し、日本政府を牽制し、両国関係の進展はなかった。

安倍首相の唱える対中国包囲網の「セキュリティ・ダイヤモンド構想」なるものがある。日本、インド、オーストラリア、ハワイ（米国）の四か所を結ぶひし形の形状をダイヤモンドと呼んでいる。筆者は、本当はこのダイヤモンド構想にロシアを入れるべきだと思う。ロシアとはシベリア開発や天然ガスの輸入などの経済協力を通して関係を深め、本構想にロシアを上手に引き入れ、中国を牽制すべきである。

プーチンは講道館柔道で鍛えた親日政治家だ。しかし、ウクライナ問題を契機として習近平が近づき蜜月外交を繰り広げ、日本の付け入る隙がなくなってしまっている。してやられた感じだ。来年こそは、ロシアとの積極外交を推進して、プーチン安倍会談を実現し、中国包囲網の一角にすべきである。中国に対する安全保障の鍵は米国との同盟にあることは言うまでもないが、実はロシアがもう一つの鍵を握っていると見ている。しかも、大統領以下、ロシア人は大の親日国だ。安倍首相の腕の見せ所なのだが。来年は期待したい。

④アベノミクスの失敗が鮮明化

今度は、我が国「日本」の動きに目を転じよう。言わないことではない。アベノミクスは失敗に終わった。もう過去形である。

安倍首相は、外交と国防は実によくやっている。安保関連法案の制定は、安倍首相でなければ誰でも出来なかった仕事であるので評価している。しかし、この首相は残念なことに経済を理解できていない。

先頃、日本政府に通信簿が渡された。日銀の黒田総裁は2年半前に、「2%のインフレターゲット」を掲げ、「2年以内に達成する」と意気込んでいた。結果が出てしまった。2%どころか、マイナス0・1%と言う結果である。惨敗だ。

ところが、「完全に失敗した」という報道をなぜか見聞きしない。マイナス0・1%なんて、どこにも、書いてない。その通り。消費増税分の3%の物価上昇率を入れたら2・9%のインフレになっているからだ。しかし、日銀は3%の消費増税分を含めて2%のインフレ目標を設定したわけではなく、あくまで、CPI（生鮮食品を除く消費者物価指数）で2%のインフレを目標にしたのであった。それが2年半経過した今もまったく達成されていないどころか、逆に再びデフレ化している。

GDPが20年間も変わらず、経済成長しない原因はデフレにある。よって、デフレ脱却を目指し、インフレ目標を設定したことは政策的には正しかった。消費増税前まではアベノミクスは好調であり、インフレ率は徐々に上昇したのだが、増税後には予測通り墜落し、上がって下がり、とうとうマイナス成長になってしまった。

何分にも、2015年度は、第1四半期、第2四半期ともGDPマイナス成長である。その数値はマイナス0・8%だという。世界経済は平均約3・2%の経済成長をしているなか、失われた20年よろしく相変わらず日本は成長しないどころか、すでに1年の半分が過ぎてマイナス成長だという。

焦った政府、日銀は、企業に賃上げ要求を繰り返し、消費を後押ししようとしている。安倍首相も、黒田日銀総裁も、「こんなはずではなかった、なぜだろう」と思っていることだろうが、「当然の結果でしょ」と言いたい。

三橋貴明氏は、「安倍首相が『デフレは貨幣現象』と国会で説明したのを聞き、安倍政権ではデフレ脱却できないかもしれないと最初に思った」と証言している。

もし、安倍首相の言うように、デフレが貨幣現象なら、通貨を刷れば解消できることになる。だから、第一の矢の政策のとおり、金融緩和をして、日銀に1万円を刷らせまくった。通貨の絶対的流通量が増加すればデフレは解消し、逆にインフレに向かうと踏んだのである。誰かの指南を受けて、どこかで勉強したのだろうが、残念なことに完全に間違いである。

デフレというのは、「総需要の不足により発生する経済現象」なのだ。バブル崩壊後に国民が貯蓄を増やしている時に、消費増税、累進課税、相続税の強化などの増税策をとったり、財政均衡に向けて歳出削減のために国債の発行を抑制する政策をとったりしたら、つまり、緊縮財政政策をとったなら、国民の消費する意欲が減退し、モノやサービスが売れなくなってしまうのである。

それでなくとも、国民は消費増税により実質賃金はマイナスになっているのだから、物価が3％下落（つまりデフレ化）するか、賃金が3％上昇しないことには、増税した分だけ、自由に使えるお金が減ってしまう。ところが、物価は逆に上げようとしているのだから、賃金を上げる以外ない。しかし、思うように賃金は上がらないときている。企業はモノやサービスが売れないので、賃金を上げる源泉がないからだ。賃金上昇には、企業の業績回復が必要なのは言うまでもない。日本経済がインフレに転換しモノの値段を上げることができたなら、利幅が増え、賃金を上げることはできても、今の状態なら上げる財源が見つからない。

かくて、商品価格は据え置きのままか、売れなければ在庫がダブついてしまうので、商品価格を下げて処分するようになる。逆に、モノの値段は下がってしまう。物の値段が下がれば、生産者の所得は下がる。生産者は消費者でもある。だから消費景気が上向くわけがない。

こういう時に登場するのは、伝統的なケインズ経済学だ。民間が需要を作ることが出来ない不景気な時には、政府が公共工事など増やすなどして、民間に仕事を与えてやらなければならない。つまり、政府の財政出動である。これがアベノミクス第2の矢の「機動的な財政出動」の政策のはずだった。

ところが、「コンクリートから人へ」「友愛の海」の民主党政権時代よりは公共工事は増やしたものの、微増でしかなく、その水準たるや20年前のたった半分に過ぎない。平成28年度予算案でも、新規国債発行額を前年対比で約４５００億円も減らしている。政府は財政健全化のために緊縮財政を続ける意思を示した。アベノミクスの３本の矢の政策に対して、実践していることは真逆ではないか。

消費増税により物価を人工的に上げて、実質賃金を下落させておいて、消費を煽ることなどできるはずがない。更には、機動的な財政出動も中途半端で大規模な公共工事（例えばリニア）をすることなく、ケチケチ運動をしていて、いったいどこで需要をつくるというのだろうか。

「消費増税」＋「歳出削減・緊縮財政」という貧乏神を市場に放っておきながら、国民がモノやサービスを買わないのは、賃上げしない企業が悪いと責任転換して、国家社会主義の如く、政府と日銀がこぞって賃上げ要求を民間企業にする今の政治はクレージーである。いくら日銀が1万円を刷っても、誰も使えないのである。企業はモノやサービスが売れないので設備投資をしないので0金利であっても借入を起こそうとしない。

その結果、日銀券は使われることなく、各銀行に当座預金として眠り続けることとなる。そして、実際に「大胆な金融緩和」政策によって刷られた1万円札は眠り続けている。このように、「財政出動」と「金融緩和」という二つの政策はセットであるべきものにもかかわらず、今のアベノミクスを見ていると、完全に片手落ち。いや、消費増税の愚策を入れると、片手落ちどころか両手落ちかもしれない。

言わずもがな、2%のインフレ目標を達成するどころか、マイナス0・1%という、市場からの通信簿をもらう羽目に陥ることになってしまったのである。自業自得だが、国民はたまったものではない。

このように、デフレというのは、バブル崩壊の後、家計からモノやサービスの支出が減る現象であり、逆に企業から見たら需要が減るという現象なのであるのだから、家計からモノやサービスを買いたくなる政策をすれば需要は増えるはずである。だから、その政策をただただ実践すればよいのである。さすれば、一発で景気回復する。

何度でも繰り返すが、その政策とは「金融緩和」+「消費減税(5%に戻す)」+「財政出動」である。無論、それに三本目の矢である、「投資を喚起する成長戦略」が加われれば鬼に金棒だが、第三の矢を推進する政策は今のところ「皆無」であると言ってよいだろう。

「金融緩和・財政出動・成長戦略」という、アベノミクス三つの必要な政策の中で、一番目の「大胆な金融緩和」だけ行って、逆に「消費増税」という禁じ手の政策をやり、財政出動を渋り、成長戦略を推進しないアベノミクスは矛盾の中で埋没し、とうとう失敗に帰した。世界中で評価されなくなってしまったのである。

さらに、再来年10％に増税しようものなら、未曽有の不景気を招来することになることだろう。ところが、政府は愚かしくも、「生鮮食料品と加工品はＯＫ、外食は駄目」などと、のんきに軽減税率論議をしている。本来なら、軽減税率論議など無用のものだ。増税しなければ土俵にも上がらない論議のはずだ。もはや、この世のものとは思えない政府だ。しかし、残念だが、国民が選んだ政府でもある。

⑤石油による中東支配が終わろうとしている

原因はシェールガス革命だ。米国が世界中に分布する頁岩《けつがん》に埋蔵されている石油とオイルを取り出す技術を開発した結果、世界のエネルギー事情は全くと言っていいほど変わってしまったことを知るべきである。シェールオイルにより、世界の石油の埋蔵量は一気に120％となったし、天然ガスに至ってはむこう150年間何の心配もいらなくなってしまった。かくて、米国はロシアを抜き去り世界一の天然ガス産出大国、そして、もうしばらくすると石油産出大国として世界に君臨する。米国は資源大国に返り咲く。

そこで、今後いったい何が変わるかと言うと、米国の中東政策が変わることになる。いやすでに「変わってしまった」と言った方が適切だろう。

つまり、米国は中東を必要としなくなったのである。だからこそ、シリアなどの中東諸国に対する軍事介入を躊躇しだしたという見方も出来る。無論、オバマの平和主義政策が根本原因ではあるが、莫大な費用がかかる軍事力の行使というリスクは、「エネルギー資源確保」というもう一つの目的があるから行えるものなのだ。ただ、ひたすら「正義」だけで動いているわけではない。軍事と利権はコインの裏表でもある。

では、シェールガスの産出による中東政策の変節は世界にとって幸福なことかというと、必ずしもそうは言うことができない。それは、よけい米国が世界の警察を放棄する力学が働くことを意味するからだ。

シェールガス革命は、思わぬ方向に人類を連れていこうとしているのかもしれない。

２０１６年という年は、テロとの戦いがもっと本格的になることだろう。政府が今の政策を転換しない限り、日本経済には何の期待もできない。

中国の崩壊はカウントダウンに入った。プーチンは来年、何を仕掛けてくるのだろうか。

来年は米国で大統領選挙が11月にがある。目を離すことができない。米国の「ハマコー」

こと、ビッグマウスのトランプが大統領になってしまったなら、また世界は変わることだろう。どんなに暴言をはきまくっても、予想に反して人気が不思議と衰えない。米国人が強い「アメリカ」の復活を期待してのことだろう。オバマの腑抜けぶりを見続けて来たアメリカ国民に、反作用として、最強のアメリカン・ヒーローを求める国民性がまたぞろ復活してきているのだろうか。

こんな混沌とした世界の中で２０１５年は暮れ、世界中の人が希望が見えないなか、できれば、いや何としても来年こそは、日本から「希望の革命」を世界に発信したいのものである。

来年が楽しみだ。

あとがき

2016年、「混沌」が世界を覆っている。

1991年に冷戦が終結して、敵がいなくなった覇権国米国の凱旋が続くものと思われていたところ、2008年にリーマンショックが起き、情勢は激変した。と同時に、21世紀になってからの中国の著しい経済成長と軍拡により、今度は米中二強時代が到来したのかと思いきや、予測通り中国バブルは崩壊し、中国経済は大減速、檜舞台から陥落寸前である。数多くの識者が予測する通り、共産党一党独裁政権の崩壊も近いかもしれない。

おそらく、人類は次の時代に移行しようとしているのかもしれない。それは、一握りの権力者以外、等しく貧乏で不幸な共産主義体制ではなく、赤字を垂れ流し続けるポピュリズム的選挙型民主主義でもない。古い宗教が人々を支配する体制でもない。まだ見ぬ新しい政治体制が登場し、目の前に広がる混沌を解決していく。そんな新しい政治体制が始まろうとしているのだと私は期待している。

それが何処から始まるかとなれば、力による支配を世界中で展開した白人文明からではなく、中東からでもなく、オセアニアでもなく、アフリカでもなく、南アメリカでもなく、アジアから生まれるものだと信じて疑わない。

そして、それはアジアの雄であり、世界で最も歴史の古い「日本」から誕生するものだと思っている。

確かに、日本は中国問題、北朝鮮問題、歴史問題、憲法問題、財政問題、人口問題等、諸問題を数多く抱え、揺れ動いている。だが、それは幕末の動乱期の時代風景と同じであって、そのような定見が定まらない時代だからこそ、時代が人を呼び、乱世が英雄の出現を求め、次なるステージに上げる人物や勢力の出現を待望する機運を生み出そうとしているのだと思う。黒船来航がなければ、明治維新もまたなかっように。時として、軍事的脅威や外圧は、時代に適合する政治体制を整える契機ともなるものだ。日本はそういった時代にさしかかっているのだと思う。決して、このまま滅びる国ではない。

大東亜共栄圏構想は、白人に何百年もの期間支配されているアジアの同胞を開放する純粋な理想を掲げた運動であったが、文明が世界中に広がり、世界中の人々が脱出口が見えずに苦しんでいる時代が到来しているのだから、スケールアップして本土は全世界共栄圏構想を打ち立てねばならない。

アインシュタインが１９９２年に来日した際、日本人の礼儀正しく、誇り高く、高潔な民族性に触れて大の親日家になり、今なお忘れられることのない「アインシュタインの予言」を残している。

「世界の未来は進むだけ進み、その間幾度か争いは繰り返されて、最後に戦いに疲れる時が来る。その時人類は真の平和を求めて、世界の盟主を上げねばならない。この世界の盟主なるものは、武力や金力ではなく、最も尊い家柄でなくてはならぬ。世界の文化はアジアに始まってアジアに帰る。それはアジアの高峰、日本に立ち戻らねばならない。我々は神に感謝する。我々に日本という尊い国をつくっておいてくれたことを」。

宗教、文化、歴史、価値観の違いにより、世界中にある「対立」を今後どう解決し平和な世界を築いていくのか、それとも、現実に起きている「対立」が地域紛争から世界規模の戦争に発展していくのか、世界はまさしく混沌のなかある。あまつさえ、第三次世界大戦の可能性すらあながち杞憂とは言い切れまい。そのような時を迎えているからこそ、日本に「その時」が近づいているのではなかろうか。

その一助として、一粒種として、日本と日本人の覚醒を促すための啓蒙活動たる「桜大志の男塾」を主宰し、複雑な国済情勢のなか、男塾は活動を活発化すべく、「男塾」第一巻を出版した。そのためには無限の活動が要求される。それが、「男塾」の扱うテーマが「政治」「経済」「財務」「軍事」「国際政治」「自然災害」「歴史」「健康」「経営」「ビジネス」と多岐にわたる所以である。

一人でも多くの人に、「桜大志の男塾」から配信されるメッセージを届けるべく、本書発売と同時に、「桜大志の男塾」メルマガの一般読者への無料化を決めた。今まで以上に救国の「熱意」と「情熱」を込めて、真実の「情報」と本物の「知識」を届け続ける覚悟である。余裕のある企業や個人は「法人会員」、「賛助会員」として、「桜大志の男塾」を支えていただければ幸いである。

また、本書出版を好機として、今年は講演会の開催も増やし、肉声にて訴える機会を増やしたいと思っている。読者の皆様とお会いする時も近いことだろう。

最後に、本書編集にあたり、ザメディアジョン専務の田中朋博氏には大変お世話になった。記して謝意を表す次第である。

男塾塾長　桜　大志

参考文献

「健康常識はウソだらけ」奥村康（ワック）
「医者に殺されない47の心得」近藤誠（アスコム）
「粗食のすすめ」幕内秀夫（新潮文庫）
「断食でガンは治る」鶴見隆史（双葉新書）
週刊ポスト（2015年3月15号）
「やってみました１日１食」船瀬俊介（三五館）
「できる男は超小食」船瀬俊介（主婦の友社）
アサヒビールの躍進と今後、
千葉大学法学部経済学科内山ゼミナールインターネット掲載記事
「アサヒビールの奇跡」石山順也（講談社文庫）
「たかがビール　されどビール」松井康雄（日刊工業新聞社）
「孫正義の焦燥」大西孝弘（日経ＢＰ社）
「なぜハーレーだけ売れるのか」水口健次（日本経済新聞出版社）
「日本中核の崩壊」古賀茂明（講談社）
「日本は破産しない！」上念司（宝島社）
「ジパング再来」三橋貴明（講談社）
NEWSポストセブン
http://www.news-postseven.com/archives/20150309_308479.html
「死都日本」石黒耀（講談社）
「財務省が隠す650兆円の国民資産」高橋洋一（講談社）
長谷川慶太郎ニュースレター
「奇跡の今上天皇」小室直樹（PHP研究所）
百田尚樹ブログ（有限会社百田事務所）
HRPニュースファイル　http://hrp-newsfile.jp/
「日本国憲法」和英完全対照条文付（自由国民社）
「消費増税亡国論」植草一秀（飛鳥新社）
「平成の改新・憲法改正論」吉田和男（読売新聞）
「憲法とはなにか」櫻井よしこ（小学館）
「憲法読本」杉原康雄（岩波ジュニア新書）
「歯がゆい日本国憲法」クライン孝子（祥伝社）
「日本とシナ」渡部昇一（PHP研究所）
「中国こそ逆に日本に謝罪すべき９つの理由」黄文雄（青春出版社）
「中国が世界地図から消える日」黄文雄（光文社）
「中国一崩壊と暴走、３つのシナリオ」石平（幸福の科学出版）
「日本の敵」櫻井よしこ（新潮社）
「こんなに強い自衛隊」井上和彦（双葉新書）
「アメリカの大変化を知らない日本人」日高義樹（PHP研究所）
「アメリカはいつまで日本を守るか」日高義樹（徳間書店）
増田敏男の時事直言　http://www.chokugen.com/
「中東研究家」岩永尚子　教えて　尚子先生（DIAMOND online）
「加瀬英明のイスラム・ノート」加瀬英明（幸福の科学出版）
「誰も知らない新しい日米関係」日高義樹（海竜社）
「2016年 中国・ユーロ同時破綻で瓦解する世界経済勝ち抜ける日本」三橋貴明（徳間書店）
「ロシア経済ジャーナル」北野幸伯のメールマガジン　http://rpejournal.com/

【著者紹介】

桜　大志（さくらたいし）

1959年生まれ。株式会社日本一の代表取締役であり、男塾を主宰する塾長。「情報を制する者が未来を制す」をコンセプトに、政治・経済、国際外交、財務、軍事、自然災害、医学・健康、歴史をはじめ、経営、ビジネス、自己啓発、成功哲学など幅広いテーマで全国各地での講演活動や男塾会員向け限定セミナーを主宰する。その他、全国で数十社の経営コンサルティング活動も行い、その独自の経営哲学は数多くの人に支持されている。

ニッポンを覚醒させる　**男塾**

2016年2月29日　初版発行

著　　者　桜　大志
発 行 者　山近義幸
発 行 所　株式会社ザメディアジョン
〒733-0011　広島市西区横川町2-5-15
電　話：082-503-5035
ＦＡＸ：082-503-5036
http://www.mediasion.co.jp.
印刷・製本　株式会社シナノパブリッシングプレス

ISBN978-4-86250-422-7